创业实训教程

主 编 张立艳
副主编 李战强 孙春华

天津出版传媒集团
天津科技翻译出版有限公司

图书在版编目(CIP)数据

创业实训教程 / 张立艳主编. — 天津:天津科技翻译出版有限公司,2015.3

ISBN 978-7-5433-3289-8

Ⅰ.①创… Ⅱ.①张… Ⅲ.①企业管理-教材 Ⅳ.①F270

中国版本图书馆 CIP 数据核字(2015)第 025861 号

出　　版:天津科技翻译出版有限公司
出 版 人:刘 庆
地　　址:天津市南开区白堤路 244 号
邮政编码:300192
电　　话:022-87894896
传　　真:022-87895650
网　　址:www.tsttpc.com
印　　刷:唐山新苑印务有限公司
发　　行:全国新华书店
版本记录:700×960　16 开本　12.75 印张　238 千字
　　　　　2015 年 3 月第 1 版　2015 年 3 月第 1 次印刷
　　　　　定价:28.00 元

前　言

习近平总书记致2013年全球创业周中国站活动组委会的贺信中指出:“全社会都要重视和支持青年创新创业,提供更有利的条件,搭建更广阔的舞台,让广大青年在创新创业中焕发出更加夺目的青春光彩。”李克强总理在2014年天津夏季达沃斯论坛上表示:“要进一步破除一切束缚发展的体制机制障碍,让每个有创业愿望的人都有自主创业的空间,让创新、创造的血液在全社会自由流动,让自主发展的精神在人民当中蔚然成风。借改革创新的东风,在中国960万平方公里的大地上掀起一个大众创业、草根创业的新浪潮。”大众创业浪潮将为中国经济注入更大的创新生机与活力,时代要求大学生要成为大众创业浪潮的弄潮儿。“大学生不仅要泡实验室、图书馆,也要有勇气创业,把创新、创业和创造结合起来,为自己也为社会和国家创造财富。”这是2013年李克强总理在天津考察时对青年学子的谆谆叮嘱。

近年来,党和国家对大学生创业的支持力度逐渐加大,涉及融资、开业、税收、创业培训、创业指导等诸多方面。大学生最具热情和朝气,这种热情和朝气需要转化为创新、创业的冲动和欲望。政府助力大学生创业,旨在通过政策的外力助推,引导学生在校期间的创新创业实践,进而演变成毕业后的实际创业行为。

大学生开展创新创业实践的过程中会遇到很多问题,如大家普遍缺乏创业的准备和创业过程系统的、深刻的理解;欠缺市场、管理等创业基本知识和经验;对创业风险没有足够的预警和防范等。为此,需要针对在校大学生传授创业知识、开展创业技能的实训。

天津财经大学作为全国最早开展大学生创业实训的单位之一,在实践中积累了很多好的经验。由天津财经大学创新与创业研究中心和天津市创业服务指导中心联合推出的《创业实训教程》一书以及与此配套的《创业沙盘演练》,旨在为大学生创业实训工作探索出一条具有示范意义的新途径。《创业实训教程》具有如下特点：

一、系统性强：本教材章节全部按照一个创业者创业的过程展开，创业者需要什么，都能从中找到问题答案或有效指导。

二、学习性强：即在传授每个知识点同时都有案例导入，将抽象的知识通俗地解读，有助于让每位创业者或没有专业知识基础的人员都能理解。

三、实效性强：本教材最大的特点是站在创业者角度去撰写知识语言和采集案例，具有时效性强、易于借鉴的优势。

四、使用便捷：本教材无论对教师备课，还是创业者学习，均可作为指导用书。对教师而言，它可以作为实训内容指南和实训纲领；对创业者而言，它集合了创业过程中创业者最需要的知识，最需要解决的问题，让创业者看了解渴。

《创业实训教程》由张立艳主编，李战强、孙春华副主编。参编人员包括：边翠兰、任雅婷、张莉、王淼、李晓龙、田立军、楚红红、刘涛、牛磊、解卫卫、张晓然。本书的编写受到以下项目的支持：①天津市高等学校创新团队培养计划，“小微企业的创新发展机制及国际比较研究”；②天津市普通高等学校本科教学质量与教学改革研究计划重点项目，“创新创业教育的研究与实践”；③天津财经大学重点建设教材项目。

感谢天津市人力资源与社会保障局的领导和天津市创业服务指导中心的领导和老师们在本书编写过程中给予的大力支持。欢迎本书的使用者和读者提出宝贵意见，以完善大学生创业实训体系。

张立艳

2014年12月31日

目　录

第一章　创业概述

第二章　创业支持政策

第三章 创业者

第四章 创业团队

第五章 选择创业项目

第六章 创业组织融资

第七章 判定创业的可行性

第八章　创业组织的选择与设立

第九章　人力资源管理

第十章 市场营销管理

第十一章 生产管理

第十二章 财务管理

第十三章　互联网与创业

第一章 创业概述

本章要点

1.创业释义与特征。

2.创业类型。

3.创业过程。

4.创业者需关注的法律问题。

一、创业释义与特征

(一)创业释义

由于视角不同或者使用环境不同,对于“创业”的理解具有性质、类别、范围、过程、阶段等方面的差异,但“创业”一词被普遍使用的含义主要有两种:一是泛指创立基业或事业,如《辞海》中的解释就是“创立基业”;二是由于当今经济活动成为社会生活的主旋律,因此“创业”经常被理解为开创一个企业或开始新的业务活动。

(二)创业的基本特征

1.创业者是创业活动的发动者和主导者

这里主要强调了创业者的关键作用。英语“Entrepreneurship”一词是国际上普遍接受的表达创业概念的术语,其具有企业家和创办人的含义,强调的是创办新企业的发动者和领导者。

2.创业的起点是发现、捕捉和创造商机

创业是一个人或独立或在一个组织内部追踪和捕获商业机会的过程,强调机会的发现、捕捉和追求对于开创新事业的至关重要性。

3.创业的核心是价值创新与创造

创业是一个创造财富的动态过程。财富是由这样一些人创造的,他们承担资产价值、时间、事业承诺或提供产品或服务的风险。他们的产品或服务未必是全新的或唯一的,但其价值是企业家通过获得必要的技能与资源并进行配置实现的。

4.创业的基础支撑是资源的重新配置

这里所讲的资源是企业经营活动所必需的支撑要素,包括人力资源、财务资源、技术资源、客户资源等。它们虽然不是目的性要素,但经常在决定创业是否能够成功时扮演着关键角色。

5.创业是一个价值创造与价值实现的过程

创业是一个动态的过程,团队的建立、商机的发现、资源的配置都整合在这一动态过程之中,创业价值的实现也渗透在这一动态过程之中。

二、创业类型

(一)复制型创业

常见的复制型创业的方式是加盟连锁。其优点:一,可以使用特许经营企业的商标、专利等,降低前期广告与研发费用;二,获得其培训和指导、少走弯路;三,总部集中配货,降低成本、保证货源。

创业者选择加盟时,需注意考察对方的信用、产品与广告宣传的一致性、考察当地市场的需求及同类产品的销售情况、合同条款等。

(二)模仿型创业

模仿型创业又称为尾随型创业,即模仿他人创业。模仿型创业具有后发优势:一是可以避免前人所犯的错误;二是避免因为市场不成熟而冒险进入可能带来的风险。模仿型创业者以生存为目的,在市场上拾遗补缺。

模仿型创业多是创业者打工积累了一定的行业经验和人脉后,结合自身情况借鉴、模仿原有企业的经营模式创业。例如,徒弟在小作坊里打工,经过几年的锻炼后开办一家类似的组织,中国很多的产业集群就是这样形成的。又如,在一家服装店旁边开设另外一家类似的服装店。服装一条街、小吃一条街等有些是政府规划的,有些则是模仿型创业带动的。

(三)嵌入式创业

依附于大企业或产业链而生存,在产业链中确定自己的角色,为大企业提供配套服务,如专门为某个或某类企业生产零配件,生产或印刷包装材料等。这种创业方式能降低交易成本,减少单打独斗的风险,提升市场竞争力。

(四)创新型创业

创新型创业一是填补市场需求内容的空白,二是填补市场需求形式的空白,三是两者的组合。前者是经营项目具有创新性,大到商品创新,小到商品的某种技术的创新。创新也可以表现为一种服务,如提供某种市场上尚不存在的服务。创新型创业也可以是旧内容新形式或者是旧形式新内容,例如微信上卖青菜,餐厅开办创业沙龙。

创新型创业有一定的风险性,因为消费者对新事物有一个接受的过程。

三、创业过程

(一)案例导入

一般来讲,创业组织的行业类型有以下 4 种:贸易类创业组织、服务类创业组织、制造类创业组织和农林牧渔业类创业组织。以下是对应的几个案例:

1.服务类

● 案例 1-1:“刘师傅大包”①

(1)积累创业技能

农村孩子刘某的老家是中国馒头之乡,镇里的很多人在全国各地开设包子店、馒头店。为了生存,刘某在家乡学会了做馒头的手艺。

(2)确定创业项目

学会了创业技能后,刘某也收了两个徒弟,和成千上万的乡亲一样外出闯荡开办馒头店。他先后在南宁、贵阳等地开店,但是经营效果都不好。后来,他听说上海最容易赚钱,于是来到上海创业。

(3)开始经营

刘某在上海开的第一家包子店开张仅半个月就被迫关门,原因是刘某做的包子不适合上海人的口味,而且包子的外观也让挑剔的上海人难以接受。刘某对包子不断改进,又先后换了几个经营地点,均以失败告终。

刘某后来请了一个上海师傅做生煎包,并使用了一些让利手段,很快生意有了转机。但是因为上海闹口蹄疫病,刘某又不得不再次关张。

---

① 改编自:包子馒头垒出的亿万富翁,http://www.xiaogushi.com/diy/nongchunchuangye/2013092620409.html,登录日期:2013-12-15

经过一番市场分析,也是为了生存,刘某又开了一家包子店。他做了如下改进。

目标市场:定位于年轻人、上班族;

市场定位:店小但是干净温馨,包子物美价廉;

产品:包子口味上迎合上海人的习惯,注重产品质量;

价格:低端价格。

包子铺很快火了起来,刘某把包子店取名"刘师傅大包",树立品牌形象。几年后,刘某有了一定的资金积累,计划扩大经营。考虑到"刘师傅大包"过于土气,他就把包子店改成"芭比馒头",以吸引年轻人。随着经营不断扩大,刘某开始迅速扩张。其利润来源除了直营店外,还包括向加盟店销售包子馒头的半成品、收取加盟费、管理费等。

2.制造业

• 案例 2-1:广州利秀克斯电子公司①

(1)形成团队,确定创业项目

2001 年初,王某在打工积累了一定工作经验后,准备创业。一天,王某和朋友们一起小聚,谈起创业的构想,一个最不熟悉的行业——电子行业引起了大家的共同兴趣,这就是与灯具配套的遥控智能系统,当时市场上还没有同类产品。

(2)进行市场调研、判定项目的可行性

市场调查发现该产品技术并不复杂,可以从台湾获得,成本也不高。灯具遥控系统很早就开始进入居民家庭,消费者购买的主要目的在于节能,但是产品遥控距离短、质量不稳定。经过十多年的应用,一部分消费者养成了使用遥控的习惯,只要价格合理,超过 80%的被访者有兴趣尝试。

(3)组建公司

2002 年 3 月,广州利秀克斯电子公司成立。王某等人把商标注册为具有舶来品和西化特点的"利秀克斯",在商标设计上尽量贴近电子化和现代感的特点,结果其英文商标大部分人以为是"伊莱克斯"。

(4)产品生产

王某等人采用委托加工的方式在国内生产。由于当时国内上规模的电子厂不多,而且一般不进行对外加工,他们不得已选择了一家规模很小的电子厂进

① 改编自:我的真实创业经历,http://www.scol.cn/thread-14580245-1-1.html,登录日期:2013 年 12 月 13 日

行产品生产。鉴于产品质量可能成为隐患,为此王某等人聘请技术人员对产品逐一检验。产品上市后质量很好,取得了良好的口碑传播。

(5)进行市场定位

目标市场:一,城市家庭,以新婚和小孩出生不久的年轻家庭为主,这些人具有收入较高,品位较高和新居为主的特点;二,房地产开发商,期待有新的房产卖点,其目标群定位与以上人群相同。

市场定位:针对目标市场的需要,对应发展了两个产品系列:一,突出节能特点,进行单路控制和多路吊灯控制,命名为“节能星”;二,主打智慧家庭的概念,一种可以控制四路、六路灯具的多路控制遥控系统,命名为“智慧星”。

(6)确定营销策略

价格:节能星系列的价格定为35元,当时市场上质量有缺陷的节能遥控系统多为20元以下;“智慧星”4路控制定为228元/套,“智慧星”六路控制定为298元/套,以保证运作费用。该价格经市场调查表明,大部分目标群体都愿意接受。

销售渠道:采用分销与直销相结合的方式,在分销方面,采取直供小区灯具终端,开发市内小区,利用批发开发市郊市场;在直销方面,重点发展房地产开发商,争取一次性覆盖整个楼盘,保证零售,同时开展商区直销,扩大渠道接触面。

宣传推广:因为是新类别产品,需要厂家用一定的费用培育市场,但是创业组织不具备这种实力。为难之际,电子开关领域的巨头“真善美”切入市场开展了大规模的宣传攻势。“真善美”的产品有很多优点,但是存在价格高、需额外增加线路、施工困难和破坏已有的装修等问题。王某等人很快制定了有针对性的宣传策略:在重点宣传产品带来的直观利益同时,强调价格优势和安装简单,不用增加线路,不破坏房间美观的设计特点,并用各种温馨、感性的广告语言塑造产品个性化和时代感的品牌性格。

市场推广:针对不同渠道开展不同宣传,例如针对房产开发商,采取与上层紧密沟通,先包装样板房积累口碑,时机成熟一次性进入的方式;针对分销网点和小区终端,采取布置宣传、陈列物,重在产品展示和效果演示方面的推广;针对直销家庭,采取直销广告入户、报纸夹带、适度大媒体投放的策略。在推广的顺序上,采取先激活直销家庭和小区终端,再影响经销商分销和切入房产商的推广顺序,以保证推广的连续有效。

(7)进行产品销售

产品按计划上市,所有的宣传、直销按照计划推进,但是结果不尽如人意。经过改进营销方法后,销售形势立即好转。企业不断加大宣传力度,产品销量快速上升。很快,大家一直担心的产品质量隐患显现了出来。原因之一是引进台湾的技术是落伍的技术;之二是工厂为了降低成本,大量使用了质量没有保证的电子元件。市场无情,出现大量退货现象,并且正在进行的楼盘安装也被要求停工并拆除所有已经安装的产品。无奈之下,企业关门。

• 案例 2-2:汪虎和他的“永发”制衣厂①

(1)创业准备

汪虎 2010 年 7 月毕业于重庆城市管理职业学院服装专业。刚上大学,他就认为自己学的是服装设计专业,出来后肯定做这行,于是提前做了创业准备。

他认真上专业课;

为了磨炼自己,他几乎每天晚上去给别人打工;

积极组织和参加学校活动,提高人际交往能力;

无数次来到朝天门批发市场,观察哪些衣服好卖、谁是主要消费群体;

寻找合适的厂房。

(2)开始创业

大一快结束时,他找到了租金合适的厂房,说服家境并不富裕的父母投了 20 万元作为启动资金。有了启动资金后,他用 10 万元从一所关闭的中职学校买来了几十台缝纫机,又从朝天门购置了必要设备,请来了工人。

刚刚开始读大二的时候,一家名为“永发”的制衣厂开工了。作为一家无名小厂,他们没有自己的品牌,只能做中低档服装走量获取利润。汪虎的工厂只做 T 恤、棉衣、外套三类,并精准到只做中年人的女上装,其款型大多是模仿别人的畅销款型。

汪虎发现,朝天门那里全是各地来做批发的,打算把产品推给他们。于是在朝天门租下一个门面,最初销售情况不理想。为了拓展人脉,他会常常到各个商店走走看看,一来了解一下对手的经营状况,顺便也可以结识一些买家和批发商。生意很快有了起色,2009 年 9 月到 2010 年 7 月间,他创业 10 个多月,盈利

① 改编自:大学毕业生创业 10 个月赚上百万元,重庆日报,2010 年 12 月 15 日

超过100万元。

3.贸易类

• 案例3-1:刘宣早的拖鞋专卖店[①]

(1)确定创业项目

湖北农民刘宣早高中毕业后,尝试过各种事情,皆因经营不善草草收场。后来他带着妻儿到广州打工,一直琢摸着自己创业。1993年的一天,刘宣早在广交会上发现了商机。一家卖居家拖鞋的展位吸引了他的目光,拖鞋五颜六色、款式各异、穿着柔软舒适。

(2)寻找商品、租赁店铺

没有钱、没有设备、没有厂房、没有技术,想创业有点痴人说梦。刘宣早找了好几家拖鞋外贸厂家,购买企业的库存拖鞋进行销售。

刘宣早举家借债,终于在广州市区租了一间铺面,取名爱家拖鞋店。五颜六色的拖鞋摆在店内,十分吸引人,一个月下来他净赚一万多。

(3)进行新产品开发

刘宣早认为拖鞋价格高不是问题,最怕款式和颜色陈旧,难以调动顾客的购买欲望。于是,这个只有高中文化的农村汉子开始追起潮流。他还买了不少时尚杂志,照葫芦画瓢开始自己设计起拖鞋来。

几经改进后,刘宣早自创的擦地拖鞋面世。鞋底是一块拖布,可以拆开后直接丢进洗衣机清洗。擦地拖鞋推出后,立刻受到顾客欢迎。一战成名,刘宣早好像一下子打开了设计的思路,紧跟着办公室拖鞋、四季拖鞋、按摩拖鞋相继被投入市场。

(4)快速扩张

早年的一个朋友在北京做加盟连锁很成气候,听说刘宣早的拖鞋专卖店项目后,决定参股,并力挺他到北京去发展。2003年,刘宣早在北京成立了第一家足间舞时尚专卖店,让拖鞋披上时尚的外衣。他邀请专业的设计师专门设计时尚拖鞋款式,也想出不少时尚的销售方法。2004年起,中央电视台等新闻媒体竞相报道。刘宣早开始以加盟连锁的形式推广拖鞋专卖店,并在全国的范围内招揽加盟商。

---

① 改编自:刘宣早:像卖皮鞋一样卖拖鞋,山西农民报,2009年12月25日

4.农林牧渔业类

• 案例 4-1:姚涛的鱼垃圾处理业务①

(1)发现商机

姚涛是安徽省阜阳市的一个农民,家境贫寒。他听说村里很多人在舟山市打工挣钱,决定去舟山打工。他在渔场当装卸工养家糊口,发现舟山渔场码头的12家冷库都进行鱼的初级加工,产生了大量的鱼垃圾。冷库需雇人清理鱼垃圾,还要支付环卫部门垃圾处理费。姚涛发现那些被随意丢弃的鱼垃圾是一条生财之道,于是把捡拾的小鱼小虾进行分类,然后卖给鱼粉厂。

(2)开始创业

姚涛找来几个老乡,无偿清理自己打工的这家冷库的鱼垃圾。他惊喜地发现,将这些垃圾运到鱼粉厂出售,扣除运输和人工费后,清理一个冷库能赚300多元。

(3)扩展业务

姚涛无偿清理鱼垃圾的事情一传开,那些码头的冷库老板们觉得,让他清理鱼垃圾可以节省一大笔开支,于是纷纷找到他。此后,随着清理量加大,姚涛又动员了更多老乡,租来更多货车,拉走这些垃圾。高峰时,他仅清理12个冷库的垃圾,一个月就能净赚2万多元。

(4)突发意外事件导致创业失败

正当姚涛的人生出现转机时,他的弟弟却因在清理冷库垃圾时,与人发生口角被人砍成重伤。他拿出了好不容易才赚的10万元,保住了弟弟性命。弟弟刚刚伤愈,父亲又身患胃癌。父亲病逝后,姚涛又欠了5000元债。无路可走的他找人借了3000元继续经营,但他很快再次遭遇厄运,运货途中农用车掉进了大海,妻子身受重伤。

姚涛遭遇接二连三的打击后,顷刻陷入了绝境。不得已他又开始了打工生涯,他和妻子不分昼夜地忙碌,终于靠着在冷库打工和销售捡来的鱼垃圾,艰难地赚了20多万元。

(5)再次创业

有了一定基础后,姚涛租了一个10平方米的门面,开了一家海产品收购门

---

① 改编自:海边捡小鱼小虾捡出个千万富翁,http://www.xiaogushi.com/diy/nongchunchuangye/2012121111665.html,登录于2013-12-15

市部。业务逐渐扩大,他开始大规模向冷库和渔民收集鱼垃圾和小杂鱼。

(6)结识贵人、企业实现快速发展

当地商人陈玉龙因开发研制东海渔区混合低值小杂鱼,生产出鱼糜而名扬海外。他发现了姚涛收购的杂鱼非常适合做他们的原料,于是开始了和姚涛的合作。有了陈玉龙的鼎力支持,姚涛的业务急速扩张,成为当地的富翁。

(二)创业阶段

上述5个案例所处行业不同,有的成功有的失败,有的个人创业有的是团队创业,有的创业过程呈现明显的阶段性,有的则不明显,有的是精心设计的创业过程,有的则是自然而然地发生,有的先设立创业组织然后创业,有的则先有商业行为而后设立组织等,不一而论。

创业过程从时间形态上讲,是企业从无到有的过程;从价值形态上讲,是获得资源,整合资源,经营业务并创造价值的过程。尽管不同的个人或团队的具体创业过程各异,大体上要经历以下4个阶段:

1.分析市场环境、发现和评估商业机会

对于有意愿进行创业活动的创业者, 商业机会的发现与把握至关重要,它既是整个创业活动的起点,又对整个创业过程能否成功起着关键作用。商业机会的发现和评估,首先依赖于创业者对市场环境的分析与把握,包括对市场需求的种类、数量,市场供给的种类、数量,市场机会的新颖性和独创性,能够带来的回报与风险的大小,市场竞争对手情况及竞争程度等进行调查和研究。其次,要对创业者自身的资源和能力情况,可承担风险的程度等进行思考与分析。最后,将以上两方面的分析情况进行匹配和考量,以确定商业机会的价值和可能性,并据此调整创业者的目标。

2.选择创业项目,制订创业计划

当创业者发现了商业机会之后,开始筹划如何实现该商业机会,具体体现创业计划书的制订。创业计划书既是创业者筹措财务资源,吸引优秀人才的重要工具,更是创业活动开展的路线图与操作指南。通常,创业计划书要明确开展什么业务,经营哪些产品或服务;需要哪些资源和获得所需资源的途径与方法;新创企业的经营战略与策略,管理体制与制度;企业的财务规划与投资效益等等。其中创业项目居于核心地位,创业项目直接决定了其创新价值和商业模式,进一步决定着企业的经营和最终的赢利情况。有些创业组织有书面的创业计划书,有些则没有。

3.准备创业资源

创业是一个投入产出过程,资源的投入是价值增值的基础和前提。但对于创业者而言,资源有有与无、多与少、充足与缺乏等不同情形,对于创业活动而言又有必需与非必需、关键与一般等不同情况。所以对于创业而言,创业资源的筹措与准备既是创业活动的必然阶段,也是一个需要深入分析,认真考量的活动。创业者要对现有资源状况进行分析,区别创业的关键资源和一般资源,搞清楚资源缺口可能造成的影响和需要采取的弥补措施,想办法获取创业所需的资源,并在整个创业过程中加强对资源的控制和提高利用效率。

4.设立创业组织并开展经营活动

设立创业组织是指进行工商注册与税务登记等,是企业开展正常经营活动必需的前期工作。随后,企业就可以开展正常的经营活动,并在经营过程中及时发现问题,并完善相应的管理和控制系统,确保企业正常运作和健康成长。

图 1–1 为一般意义上的创业流程与关键要素,这也是本书所涉及的主要内容及逻辑关系。创业实践千差万别,创业准备阶段的各个阶段可能先后顺序有变,也可能几个环节同时进行、也可能略去某一个或几个环节。针对某个创业组织而言,创业过程的具体流程与创业者的自身条件有关,也与行业和创业环境有关。

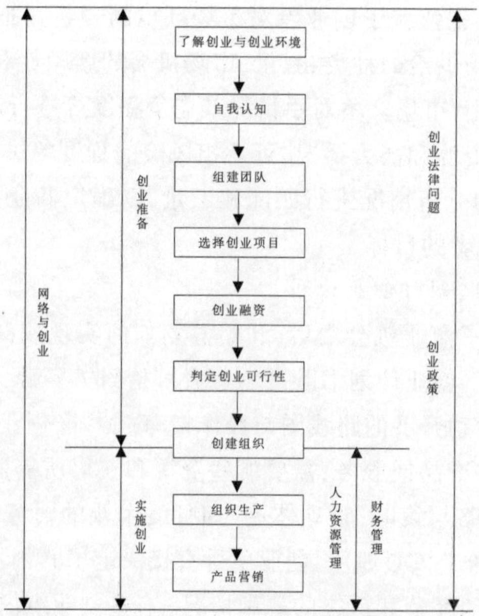

图 1–1 创业流程与关键要素

(三)创业过程的特点

创业是一个涉及多部门、多要素,并且各部门、要素之间互相影响的系统过程。一般来讲,它具有如下特点:

1.创业过程基本上遵循一定的规律,经过具体的步骤,关注特定的问题(参见图 1–1)。

2.每一个创业过程包括创业准备和创业实施两个阶段。

3.很多创业者经历了数次失败后才成功,换言之,创业过程是一个循环往复的过程。

4.根据实际情况的不同,创业过程中各环节的重要性不同,并且每个环节的不同要素的重要程度亦不相同。

5.个人创业过程中根据需要聘用员工,其中的员工后来成为团队核心成员。

6.形成团队有些是某人牵头根据项目组织团队,有些则是几个人不约而同提出项目。

7.很多时候,组建团队和确定项目几乎同时进行。

8.一些情况下,设立创业组织、安排生产、进行营销策划乃至营销几乎同时进行。

9.具体的创业产品或服务是随着创业进程不断完善的。

10.创业过程是一个循序渐进的过程,创业经营过程远比创业准备阶段复杂和重要。

11.创业过程中充满着突发事件,这些突发事件往往改变创业路径。

四、需关注的法律问题

创业过程充满风险,其中包括法律风险,如果没有法律意识,创业随时都可能遇到障碍甚至使企业毁于一旦。创业者面临的法律问题大体包括以下几个方面:

1.组建团队时,需关注股权分配问题。

2.识别与评估市场机会时,须考虑符合国家法律和产业政策的有关规定。

3.选择进入行业时,需要了解与行业相关的法律法规,如从事餐饮业,需了解食品安全法、食品安全法实施条例等。

4.选择创业组织的形式,需了解各种类型企业的法律要求,以及由此带来的经营成本和法律风险。

5.开展生产经营活动,包括参与市场竞争和市场交易的活动,创业者需关注有关合同、担保、产品质量、消费者权益保护、环境保护等方面的法律法规的要求。

6.与其他市场主体在经营活动中发生商务纠纷时,以及在接受国家有关部门的管理中发生行政纠纷时,需要依据仲裁、民事诉讼或行政诉讼等方面的相关法律法规才能得到公正的解决。

7.开办企业需要聘用员工,涉及劳动合同、社会保险等问题;企业内部投资者、经营者、员工权益关系的调整和保护,必须依照相关法律的有关规定进行。

8.有关知识产权问题,需要了解著作权、商标、域名、商号、专利、技术秘密等各自的保护方法。

9.创业组织须按照规定建立账簿、依法纳税等,因此需了解会计法和税法等相关知识。

10.由于破产、歇业等各种原因退出市场,必须按照相关法律法规的规定履行相应程序。

案例 1

李某开了一家创意手帕店,由李某提供设计图样找到了生产厂家进行加工生产。在与对方反复讨价还价后,他们达成生产意向。因为是朋友介绍,李某没有与对方签订生产合同。出来后的成品与李某的设想大相径庭。除了线头等小瑕疵,厂家为了减少生产成本,还擅自改变了设计图样,而且印染质量粗糙。因为事先没有跟厂家签订生产合同,李某根本无法索赔。

案例 2

农村青年吴某外出打工,他一心想着创业挣钱。一天,几个自称是建筑工人的人说他们在挖地基时挖出了一些文物,吴某买下了这些宝贝。很快,他被以涉嫌倒卖文物的罪名关进了派出所,后经鉴定那些所谓的文物是赝品。

吴某认识了一个台湾老板,该老板说正在筹备开绢花厂。吴某投入了 4 万余元,得到了 15%的股份。但两年过去了,他没有分到一分钱。因为没有签订协议,他欲哭无泪。

后来,他倒卖羽绒又被骗。事情是这样的,对方第一次卖给他的羽绒质量很好,吴某小赚了一笔。他随之借钱大量进货,没想到对方提供的是劣质产品,他到对方养殖场去理论,反而被打了一顿。

他又开始了打工生涯，但是创业之心不死。一天他在上虞市看见一个炸臭豆腐的老人生意特别火爆，经过品尝，他意识到了商机，于是花钱学到了这种臭豆腐的制作方法。当年绍兴市鲁迅故居商业街建成，庆祝活动之一是臭豆腐比赛。吴某技压群雄，很快国内外投资加盟者应接不暇，吴某发财了。

2008年，他的两个好朋友在绍兴开了一家担保公司，向吴某借钱。讲义气的吴某没有这么多流动资金，只好在其他朋友那里借了几百万，将凑足的1000万打到了担保公司的账户上。但是当时的金融市场极为混乱，他们放出去的贷款收不回来，两个朋友因金融诈骗罪被抓，吴某因此损失惨重。

小结

1.大学生在校期间进行创业活动应该以能力训练为目的。

2.创业有风险，有创业计划的学员应为有创业想法的学员。

3.创业培训是一种综合知识、技能、能力的训练。

4.电视台有很多创业栏目，如致富经、科技苑等；互联网上也有各种创业故事、创业教育视频、创业网站等；手机微信上有很多创业公共网页定期发送创业信息等；创业者要注意学习。

5.有很多免费的法律咨询网站和政府的免费法律咨询服务机构；创业者也可以向创业教师和创业培训的组织单位寻求法律帮助。

6.创业涉及的法律法规主要包括：

中华人民共和国公司法；

个体工商户条例；

中华人民共和国个人独资企业法；

中华人民共和国合伙企业法；

中华人民共和国专业合作社法；

中华人民共和国个人所得税法；

个人独资企业和合伙企业投资者征收个人所得税的规定；

中华人民共和国企业所得税法；

中华人民共和国劳动合同法；

中华人民共和国会计法；

中华人民共和国合同法；

中华人民共和国担保法；
中华人民共和国专利法；
中华人民共和国商标法；
中华人民共和国著作权法等。

实 训

实训目的

1. 了解他人、学习构建创业网络。
2. 了解可以获得的外界帮助。
3. 学习如何组织会议。
4. 体会分享的价值。

实训一：破冰游戏

在规定时间内，尽可能寻找更多的与自己课外兴趣爱好相同的人。班上的每个同学或者成为兴趣小组的发起人，或者成为成员，但是不得重复加入其他小组。本次比赛可重复进行。

实训二：讨论前期课程与创业的关联性

请大家回忆以前所学课程，讨论这些课程与创业的关联性，教师规定讨论规则。制定规则主要是为了调动学员的积极性，让大家积极思考和发表意见；同时也是为了帮助学员学习如何组织会议的工作方法。举例 1：训练表达观点，从左开始让第一排的学员每人发言 2 分钟，顺序进行、不许重复前面的观点。举例 2：训练辩论，任选两组人数相同的学员，作为正反方。正方第一人说完，反方第一人说，如此循环进行。每人发言的时间为 1 分钟，发言中不许攻击对方，只可陈述自己的观点。

也可以运用思维导图、鱼骨图等工具形象描绘出前期课程与创业的关联性。

实训三：组建创业团队

组建创业团队，分别选出总经理、财务总监、生产运营总监、营销总监、人力资源总监等，并明确岗位职责。

实训四：观看纪录片《公司的力量》

通过观看纪录片《公司的力量》，了解公司的发展历程、创业的意义等。

第二章 创业支持政策

本章要点

1. 方便开办创业组织。
2. 减免税、费。
3. 支持创业孵化器与在孵创业组织。
4. 开展创业教育与培训。
5. 提供创业贷款。
6. 提供保险、岗位补贴等。

一、方便开办创业组织

改革开放以来，我国曾经经历了三次创业大潮，这三次创业大潮都与国家政策推动有关。改革开放之初的创业大潮是受国家恢复和发展个体经济的政策驱动；第二次创业大潮受到 1992 年前后邓小平的南行讲话的驱动；第三次是 2002 年前后的入世背景和中国政府实施积极的就业政策。2008 年，国务院转发人力资源社会保障部等《关于促进以创业带动就业工作的指导意见》中指出：①完善扶持政策，改善创业环境，放宽市场准入、改善行政管理、强化政策扶持、拓宽融资渠道；②强化创业培训，提高创业能力，加大培训力度、提高培训质量、建立孵化基地；③健全服务体系，提供优质服务，健全服务组织、完善服务内容、提供用工服务。《关于促进以创业带动就业工作的指导意见》拉开了我国新一轮创业大潮的序幕，以《关于促进以创业带动就业工作的指导意见》为基本框架，国家和各级政府陆续出台了许多优惠政策。为引领和支持更多的大学生创业，人社部等九部委 2014 年 6 月联合启动实施“大学生创业引领计划”。要求各地有关部门要从普及创业教育、加强创业培训、提供工商登记和银行开户便利、提供多渠道资金支持、提供创业经营场所支持、加强创业公共服务6 个方面综合施策，为大学生创业提供支持和服务。

2013 年 10 月 25 日，李克强主持召开国务院常务会议，部署推进公司注册资本登记制度改革。注册资本登记制度改革是为了降低创业成本，激发社会投资活力。主要包括五大内容。

1.放宽注册资本登记条件

除法律、法规另有规定外，取消有限责任公司最低注册资本 3 万元、一人有限责任公司最低注册资本 10 万元、股份有限公司最低注册资本 500 万元的限制；不再限制公司设立时股东(发起人)的首次出资比例和缴足出资的期限；公司实收资本不再作为工商登记事项。

2.将企业年检制度改为年度报告制度

任何单位和个人均可查询，使企业相关信息透明化。建立公平规范的抽查制度，克服检查的随意性，提高政府管理的公平性和效能。

天津市各类企业、个体工商户自 2014 年 10 月 1 日起开始报送年度报告并公示，农民专业合作社从 2015 年 1 月 1 日起开始报送年度报告并公示。[①]市场监管部门将通过随机摇号的方式，对企业、个体工商户和农民专业合作社年度报告报送及公示的情况进行抽查监督。

3.放宽市场主体住所(经营场所)登记条件

按照方便注册和规范有序的原则，放宽市场主体住所(经营场所)登记条件，由地方政府具体规定。

4.大力推进企业诚信制度建设

注重运用信息公示和共享等手段，将企业登记备案、年度报告、资质资格等通过市场主体信用信息系统予以公示。推行电子营业执照和全程电子化登记管理，与纸质营业执照具有同等法律效力。完善信用约束机制，将有违规行为的市场主体列入经营异常的“黑名录”，向社会公布，使其“一处违规、处处受限”，提

① 企业年度报告内容：a.企业通信地址、邮政编码、联系电话、电子邮箱等信息；b.企业开业、歇业、清算等存续状态信息；c.企业投资设立企业、购买股权信息；d.企业为有限责任公司或者股份有限公司的，其股东或者发起人认缴和实缴的出资额、出资时间、出资方式等信息；e.有限责任公司股东股权转让等股权变更信息；f.企业网站以及从事网络经营的网店的名称、网址等信息；g.企业从业人数、资产总额、负债总额、对外提供保证担保、所有者权益合计、营业总收入、主营业务收入、利润总额、净利润、纳税总额信息。个体工商户年度报告内容：a.行政许可取得和变动信息；b.生产经营信息；c.开设的网站或者从事网络经营的网店的名称、网址等信息；d.联系方式等信息；e.依法要求报送的其他信息。农民专业合作社年度报告内容：a.行政许可取得和变动信息；b.生产经营信息；c.资产状况信息；d.开设的网站或者从事网络经营的网店的名称、网址等信息；e.联系方式信息；f.国家工商行政管理总局要求公示的其他信息。

高企业“失信成本”。

5.推进注册资本由实缴登记制改为认缴登记制

在抓紧完善相关法律法规的基础上，实行由公司股东（发起人）自主约定认缴出资额、出资方式、出资期限等，并对缴纳出资情况真实性、合法性负责的制度。

2013 年 12 月 26 日，第十二届全国人大常委会第六次会议审议通过了关于修改公司法的决定。新的公司法将注册资本实缴登记制改为认缴登记制、取消了最低注册资本限制、简化登记事项和登记文件。

地方政府也出台相应规定，例如天津市提出一系列改革方案，其中包括推进工商注册制度便利化，实行先照后证，允许“一照多址”和“一址多照”。“一照多址”将为企业设立分支提供便利，而“一址多照”有利于不同企业混合办公、节约成本。

为了简化企业创建手续等设立的政府服务中心，实行一站式办公；随着电子政务的实施，很多政策、实施流程、所需文件要求等都公布在政府网站上，一些功能，例如名称查询等均可在政府的网站上完成。

二、减免税、费

（一）减免税收

根据财政部、国家税务总局出台的《关于支持和促进就业有关税收政策的通知》（财税[2010]84 号）规定：

1.对商贸企业、服务型企业（除某些特定行业）、劳动就业服务企业中的加工型企业和街道社区具有加工性质的小型企业实体，在新增加的岗位中，当年新招用持《就业失业登记证》（注明“企业吸纳税收政策”）人员，与其签订 1 年以上期限劳动合同并依法缴纳社会保险费的，在 3 年内按实际招用人数予以定额依次扣减营业税、城市维护建设税、教育费附加和企业所得税优惠。定额标准为每人每年 4000 元，可上下浮动 20%。①

2.对持《就业失业登记证》（注明“自主创业税收政策”或附着《高校毕业生自主创业证》）人员从事个体经营（除建筑业、娱乐业以及销售不动产、转让土地使

① 本条所称持《就业失业登记证》（注明“企业吸纳税收政策”）人员是指：a.国有企业下岗失业人员；b.国有企业关闭破产需要安置的人员；c.国有企业所办集体企业（即厂办大集体企业）下岗职工；d.享受最低生活保障且失业 1 年以上的城镇其他登记失业人员。

用权、广告业、房屋中介、桑拿、按摩、网吧、氧吧外)的,在3年内按每户每年8000元为限额依次扣减其当年实际应缴纳的营业税(安徽省规定,涉及营业税改征增值税行业的,相应扣减增值税)、城市维护建设税、教育费附加和个人所得税。本条所称持《就业失业登记证》(注明"自主创业税收政策"或附着《高校毕业生自主创业证》)人员是指:①在人力资源和社会保障部门公共就业服务机构登记失业半年以上的人员;②零就业家庭、享受城市居民最低生活保障家庭劳动年龄内的登记失业人员;③毕业年度内高校毕业生。高校毕业生是指实施高等学历教育的普通高等学校、成人高等学校毕业的学生;毕业年度是指毕业所在自然年,即1月1日至12月31日。毕业年度高校毕业生在校期间创业的,须先注册登录教育部大学生创业服务网(http://cy.ncss.org.cn),提交《高校毕业生自主创业证》申请表,由所在高校进行网上信息审核确认并出具相关证明,学校所在地省教育行政主管部门根据规定向高校毕业生发放《高校毕业生自主创业证》。高校毕业生持《高校毕业生自主创业证》向创业地人力资源社会保障部门提出认定申请,由创业地人力资源社会保障部门相应核发《就业失业登记证》,作为当年及后续年度享受税收扶持政策的管理凭证。获得上述"两证"后到税务机关办理享受自主创业税收政策的减免申请手续,经县以上税务机关审核同意,在年度减免税限额内可以享受相关的优惠政策。毕业年度高校毕业生离校后创业的,可凭毕业证,直接向创业地县以上人力资源社会保障部门提出认定申请。县以上人力资源社会保障部门在对人员范围、就业失业状态、已享受政策情况审核认定后,对符合条件人员相应核发《就业失业登记证》,并注明"自主创业税收政策"。

国家税务总局下发的《关于小型微利企业所得税优惠政策有关问题的通知》(财税[2011]117号)规定,2012年1月1日至2015年12月31日,对小型微利企业的年应纳税所得额的上限由3万提升至6万元,其所得减按50%计入应纳税所得额,按20%的税率缴纳企业所得税。①

2011年10月31日,财政部、国家税务总局发布《关于修改〈中华人民共和国增值税暂行条例实施细则〉和〈中华人民共和国营业税暂行条例实施细则〉的决定》(财政部、国家税务总局第65号令),调整增值税、营业税起征点。个体工

① 小型微利企业区分行业不同,标准不同。企业在进行年度汇算清缴申报时应据实填报所属行业、当年资产总额、从业人数和年度应纳税所得额等有关指标,主管税务机关将进行审核认定。经认定符合小型微利企业条件的企业,本年汇算清缴申报和下一年度预缴申报可以按20%税率计算缴纳企业所得税。

商户和其他个人经营者按期缴纳营业税、增值税的起征点从月营业(销售)额5000元调整为两万元。[①]

2011年,经国务院批准,财政部、国家税务总局联合下发营业税改征增值税试点方案。从2012年1月1日起,在上海交通运输业和部分现代服务业开展营业税改征增值税试点。自2012年8月1日起,国务院将扩大营改增试点至十省市。随着进一步扩大试点的条件成熟,“营改增”将推向全国。营业税改征增值税改革试点使小微企业普遍受益,原适用5%营业税税率的小微企业,改征增值税后,大部分按照3%征收率缴纳增值税,税负水平下降40%。原适用3%营业税税率的小微企业,因为由营业税的价内核算变为增值税的价外核算,税负也有所下降。截至2013年2月底,试点企业已达112万户,共减负550亿元以上,95%的企业实现减负或税负无变化,只有5%左右的企业税负有所增加。而所有小规模纳税人,包括众多个体户,都实现减税,减税幅度达40%。[②]

自2013年8月1日起,对增值税小规模纳税人中月销售额不超过2万元的企业或非企业性单位,暂免征收增值税;对营业税纳税人中月营业额不超过2万元的企业或非企业性单位,暂免征收营业税。由于城市维护建设税与教育费附加是以其实际缴纳的增值税、营业税为计税依据,免征增值税或营业税后,城市维护建设税与教育费附加自然也就无须计征。例如,原来某县城按查账征收的个人独资企业月销售额为19 000元,需缴纳增值税:19 000×3%=570元,城市维护建设税与教育费附加:570×5%+570×3%=45.6元。而从8月1日起,则该纳税人可享受免税待遇,享受优惠615.6元。

对增值税小规模纳税人在纳税期内申请代开增值税专用发票(含货运专票)和普通发票时,尚不能确定当月销售额是否达到2万元,根据规定应依法缴纳税款的均应先缴纳税款。月销售额不超过2万元的,当期因代开增值税专用发票(含货物运输业增值税专用发票)和普通发票已经缴纳的税款,在发票全部联次追回后可以向主管税务机关申请退还。

对于营业税改征增值税需征收文化事业建设费的广告业,增值税小规模纳税人中月销售额不超过2万元的企业和非企业性单位提供的应税服务,以及提供应税服务未达到2万元增值税起征点的个人,免征文化事业建设费。

李克强2014年9月17日主持召开国务院常务会议,部署进一步扶持小微

① 营业额包括销售物品、提供劳务、提供服务等各项营业收入;而销售额仅指销售物品的收入。

② “营改增”小微企业基本都在减负,东方网2013年4月18日消息。

企业发展推动大众创业万众创新。会议确定加大税收支持。在现行对月销售额不超过2万元的小微企业、个体工商户和其他个人暂免征收增值税、营业税的基础上，从今年10月1日至2015年底，将月销售额2万~3万元的也纳入暂免征税范围。

农民专业合作社享受国家规定的对农业生产、加工、流通、服务和其他涉农经济活动相应的税收优惠。财政部国家税务总局《关于农民专业合作社有关税收政策的通知》(财税[2008]81号)规定：①对农民专业合作社销售本社成员生产的农业产品，视同农业生产者销售自产农业产品免征增值税；②增值税一般纳税人从农民专业合作社购进的免税农业产品，可按13%的扣除率计算抵扣增值税进项税额；③对农民专业合作社向本社成员销售的农膜、种子、种苗、化肥、农药、农机，免征增值税；④对农民专业合作社与本社成员签订的农业产品和农业生产资料购销合同，免征印花税。

(二)免除收费

自2008年9月1日起在全国统一停止征收个体工商户管理费和集贸市场管理费(财综[2008]61号)。

根据财政部、国家税务总局发布《关于金融机构与小型微型企业签订借款合同免征印花税的通知》(财税[2011]105号)的规定，自2011年11月1日开始对金融机构与小型、微型企业签订的借款合同免征印花税，享受这个印花税税收优惠的期限，从2011年11月1日起至2014年10月31日止。

自2012年1月1日至2014年12月31日3年内对小型微型企业免征部分管理类、登记类和证照类行政事业性收费(国发[2012]14号)，包括企业注册登记费、税务发票工本费、组织机构代码证书工本费、计算机软件著作权登记费等共26项行政事业性收费(财综[2011]104号)。

三、支持孵化器与在孵创业组织

对孵化器的支持分为支持孵化器和支持在孵企业两类。一是政府为孵化器提供支持，补贴孵化器为在孵企业提供的服务。例如，安徽省为经过认定的孵化基地提供资金，用于在孵企业的创业指导、融资担保、管理咨询、事务代理、法律援助等。资助标准是根据符合条件的在孵企业户数，3年孵化期内按照每户每年3000元的标准给予孵化基地创业服务补助。

二是支持直接提供给在孵企业。例如，入驻江苏省睢宁县大学生创业园的大学生创业企业，除享受国家、省、市有关大学生创业的各种优惠政策外，还可享受：

- 为期三年的免费办公场地；
- 为企业项目进行无偿资助，数额为 2 万~10 万元不等；
- 实际贷款利息 50%的贴息资助；
- 在县级媒体上免费发布广告。

很多孵化器为在孵企业提供综合服务，例如，潍坊市大学生创业孵化中心是山东省规模最大的楼宇型大学生创业孵化基地，该中心为大学生提供创业场所、政策扶持、创业培训、创业指导、项目推进、融资支持、工商注册、税务登记等一条龙创业服务。潍坊市大学生创业孵化中心立足潍坊、辐射全省、面向全国，不设生源和户籍限制，毕业 5 年之内的大学生或毕业满 5 年但家庭条件贫困的大学生，以及其他符合条件的高校毕业生、在校大学生以创业或初创业者都可提出入驻申请；创业项目对大学生创业有示范作用的企业可提出入驻申请；能带动更多大学生就业的企业可提出入驻申请；能为大学生就业提供人力资源、法律、会计等中介机构可提出入驻申请。据悉，入驻创业中心大学生创业企业可叠加享受各项优惠政策：一，前两年享受 100%房屋补贴，第三年享受 50%房租补贴；二，可申请不超过 20 万元的小额贷款，从事微利项目的，财政全额贴息；三，可申请有“潍坊市大学生创业投资基金”提供的股权或债权创业扶持基金；四，对符合条件的创业者一次性给予 5000 元创业补贴，创业企业每聘用一人，一次性给予 1000 元的岗位开发补贴；五，对初次创业大学生和招聘的未来就业大学生给予一定比例的社会保险补贴；六，享受行政事业性收费减免和税收优惠政策、高校毕业生就业见习政策。

四、创业教育与培训

教育部《普通本科学校创业教育教学基本要求（试行）》(2012)提出高等学校要把创业教育教学纳入学校改革发展规划，纳入学校人才培养体系，纳入学校教育教学评估指标，建立健全领导体制和工作机制，制订专门教学计划，提供有力教学保障，确保取得实效。高等学校应创造条件，面向全体学生单独开设“创业基础”必修课。

教育部《关于做好2013年全国普通高等学校毕业生就业工作的通知》(教学[2012]11号)要求,高校要大力推进创新创业教育和大学生自主创业。例如,高校成立创新创业教育和自主创业工作领导协调机构、加快建立和完善创新创业教育课程体系;实施"本科教学工程"国家级大学生创新创业训练计划,组织学生参加各类创新创业竞赛、模拟创业等实践活动;开辟专门场地或依托大学科技园、高新技术产业开发区、工业园区等,开展大学生创新创业教育实践、实习和项目孵化等。

除了开设"创业基础"必修课外,人力资源和社会保障部门对有创业要求和培训愿望并具备一定创业条件的城乡劳动者以及处于创业初期的创业者提供免费创业培训。这些人包括大中专在校生与毕业生、复员退伍军人、具有创业意识和创业能力并有志创业的农村劳动者和已开业的个体经营者、微小企业经营者和管理者等。例如,安徽省对定点培训机构开展创业意识培训、创办企业培训(改善企业培训)、创业模拟实训,分别按照100元/人、1000元/人、1300元/人的标准给予补贴。

创业培训包括创业培训与创业后续服务两个方面。创业培训主要采用国际劳工组织的SIYB培训模式和创业实训进行。SIYB是"创办和改善你的企业"的英文(start and improve your business)缩写,是人力资源和社会保障部与国际劳工组织专门为微小企业家量身定做的一个培训项目,目的是帮助微小企业发展,以创业促进就业,实现就业的倍增效应。该培训项目包括4个培训模块:GYB(产生你的企业想法)、SYB(创办你的企业)、IYB(改善你的企业)、EYB(扩大你的企业)。

五、创业贷款

根据实际情况,创业贷款有政府全额贴息、政府给予一定比例的贴息和商业贷款等形式。创业贷款有的需要担保、有的则是免担保。对于运行良好的创业组织,还可以第二次申请贷款。

(一)来自人力资源和社会保障部门

人力资源和社会保障部门提供的创业贷款针对大学毕业生、下岗失业人员、军队退役人员、返乡农民工自谋职业、残疾人等,主要目的是通过创业促进就业。例如,天津市规定大学毕业生自主创业最高可获得30万元的小额担保贷款支持；创业带动就业5人以上、经营稳定的创业者最高可获得50万元的贷款支持。贷款额度在10万元以下，免担保全额贴息；10万~20万元的部分，由市财政按照贴息利率的50%予以贴息。重庆市南岸区规定只要是个体经营或合伙经营的下岗失业人员、高校毕业未就业并进行失业登记的人员或是其他城镇登记失业人员等，可申请无息小额贷款。从事个体经营的市民，可无息贷款5万元，最多可放宽到8万元；如果是小企业或合伙经营实体，按人均5万元计算，最高可贷款100万元；如果法人代表或合伙投资人是大学生，员工也是大学生，最高可贷200万元。

(二)来自共青团系统

共青团系统对青年创业给予扶持，在校大学生也可以申请。例如，天津市青年创业基金会针对个人和企业提供6万~8万元为期一年的无息借款。其中：

1.个人名义申请无息借款的基本条件

(1)年龄18周岁至45周岁，具有完全民事行为能力的中国公民。

(2)有本市常住户口，有固定的住所。

(3)有按期偿还无息借款的能力，且能提供保证人。

(4)信誉良好，无不良记录。

(5)项目符合国家产业政策和区域经济发展，具有较好的经济效益和社会效益。

2.企业名义申请企业无息借款的基本条件

(1)经工商行政管理部门核准登记，且年检合格。

(2)有必要的组织机构、经营管理制度和财务管理制度。

(3)企业及经营者信誉良好，具备履行合同、偿还债务的能力，还款意愿良好，无不良信用记录，且能提供保证人。

(4)项目符合国家产业政策和区域经济发展政策，具有较好的经济效益和社会效益。

(三)来自妇联系统

2009年，财政部、人力资源社会保障部、人民银行、全国妇联发布《关于完善小额担保贷款财政贴息政策，推动妇女创业就业工作的通知》(财金[2009]72号)，决定将小额担保贷款政策覆盖面由城镇失业人员和就业困难人员拓展至农村妇女。对妇女个人新发放的小额担保贷款最高额度提高至8万元，对符合条件的妇女合伙经营和组织起来就业的，可将人均最高贷款额度提高至10万元。考虑到农村妇女缺乏抵押担保物的实际情况,《通知》规定,对妇联组织推荐的借款人,经办担保机构原则上不要求借款人提供反担保。

除了政府的政策性全额贴息的贷款之外，还有一些部分贴息的贷款项目。例如,全国妇联系统首家小额贷款公司——天津渤海女子小额贷款股份有限公司为妇女创业组织提供 1/3 贴息的贷款。

(四)来自高教系统

各地出台很多针对大学生创业的专项资金。例如,2005 年 3 月,上海市人民政府正式启动了上海市大学生科技创业基金,鼓励大学生依托科技自主创新和创业,推动科技成果的产业化;2008 年 9 月浙江省设立科技创新基金鼓励在校大学生创业;2010 年 1 月浙江省内首个专门投资大学生创业项目的天使基金——“西湖—星巢天使基金”正式启动,该基金主要投资早期的大学生创业项目。

六、保险、岗位补贴

例如,天津市规定创业的高校毕业生及所录用的高校毕业生,给予岗位补贴和社会保险补贴。岗位补贴标准为本市最低工资标准的 30%,为期 1 年;社会保险补贴按照本市当年社会保险最低缴纳费基数确定,补贴期限为期 3 年。其中养老保险补贴 20%、医疗保险补贴 7.3%(大病统筹)、失业保险补贴 2%、生育保险补贴 0.8%、工伤保险补贴 0.5%。天津市还为应届及上两个年度毕业的高校毕业生创办的企业进行房屋补贴。补贴标准是按照企业招用的高校毕业生的数量每人每平方米每天补贴 1 元,每人最高补贴 10 平方米,每个企业最多补贴 60 平方米,补贴期限最多两年。

安徽省规定高校毕业生初始创办科技型、现代服务型小型微型企业的,自工商注册登记之日起正常运营 6 个月以上、吸纳 3 人以上就业并按规定缴纳社会保险费的,给予一次性创业扶持补助,其中:个人自主创业的按 5000 元标准补助,合伙经营的根据合伙人数按每人 2000 元给予补助,合伙经营补助金额合计最高不超过 10 000 元。补助资金用于抵缴企业应缴纳的社会保险费或水电、场租等生产经营成本性支出。小型微型企业招用毕业年度高校毕业生,签订 1 年以上劳动合同并按规定缴纳社会保险费的,给予 1 年的 5 项社会保险补贴。对灵活就业的困难人员以个人身份缴纳社会保险费的,给予职工基本养老保险补贴每人每月 200 元、职工基本医疗保险补贴每人每月 50 元。

·小结·

1. 创业者要主动寻求政府部门的帮助。可以寻求帮助的政府部门有街道劳动保障机构、区县共青团组织、妇联组织等。

2. 创业政策是最容易获得的低成本或无成本支持,可以组合使用。

政府政策来自多种渠道、涉及多项内容,创业者要多方了解,并加以充分利用。例如,农村女大学生创业,可能获得的政策支持来自妇联、共青团、教委、人力资源与社会保障部门、农委、中小企业局等;如果创业项目有一定的科技含量,支持还可能来自科委、工信委等。经济技术开发区、孵化器、地方政府等也可能有特殊政策支持。

学员要关注政府网站、新闻媒体报道;咨询政府部门;请教组织培训的机构和培训教师等。

通过"中国政府网"的新华微博、腾讯微博和微信等及时获取国务院的重要决策部署和政策文件等。

3. 很多大学生社团开展公益创业,即帮助弱势群体创业。创业者可以主动与大学的校团委或相关组织联系,与大学生的公益创业行为对接。

4. 积极参加社会上的各种创新创业大赛、创业沙龙等活动,通过参加比赛结交朋友、获得专家点评以不断完善创业计划。如果获奖可以获得资金、免费入住孵化器等支持。

实 训

实训目的

1. 学习充分利用政策支持。
2. 感知机会、利用机会。
3. 训练学生的资源整合能力。
4. 训练学生的表达能力。

实训一：讨论大学生创业支持政策

学习领会天津市人力社保局、市教委、市财政局等出台的《关于进一步促进普通高等学校毕业生就创业工作的通知》(津人社局发[2014]47号)的精神，分组讨论：

1.在校生、毕业生创业可以最大程度获得哪些政策支持？

2.这些政策如何组合使用？

3.现有的政策如何与学员的家庭、亲朋的现有业务巧妙组合？

实训二：登录全国大学生创业服务网

登录全国大学生创业服务网(http://cy.ncss.org.cn)，了解国家及各地的大学生创业支持政策。

第三章 创业者

本章要点

1. 创业者的性格划分。
2. 性格与创业。
3. 创业者的基本特质。
4. 创业者应掌握的基本知识和技能。

一、案例导入

案例1

农村青年张某购置了设备和兔子养殖书籍开始养兔子。他每天工作很辛苦，要打扫卫生、喂食、消毒、打疫苗、拌料等。因为不懂技术导致兔子死亡，他精神压力很大。另外，养兔子投入资金后需要3个月才见效益，并且由于张某的养殖规模太小，即使见效后他的盈利也不会很多。由于上述原因，张某很快转行，寻找见效更快、出力更少的项目，但几次尝试均以失败告终。遗憾的是第二年，肉兔价格开始飞涨。

案例2

郑女士和崔女士同样在市场上经营服装生意，她们初入市场的时候，正赶上服装生意最不景气的季节。郑女士动摇了，赔了3000元钱后即刻停止经营。以后她几次转行，均以失败告终。后崔女士认真地分析了当时的情况，觉得赔钱是正常的。她对自己很有信心，知道自己适合做服装生意。果然，转过一个季节，崔女士的服装店开始赚钱。3年以后，她已成为当地有名的服装生意人。

案例3

王某和他的助理出去谈业务，在客户办公楼旁边，碰上个老大爷，大爷找不着闺女了。眼看和客户约定的时间快到了，王某让助理照看老大爷，自己去见客户。因为助理资料没处理好，他和客户的谈判失败。王某下楼后，看见助理帮助老大爷找到了他的闺女。交谈后，老大爷的闺女说她是物业的，那家公司是她们的客户。通过她与公司沟通后，公司给了王某第二次谈判机会。

案例 4

小吴开了一家树叶照片店，将不同树叶制成工艺品并辅以制作镜框出售，时尚新颖。由于他没有艺术特长，作品因没有“艺术效果”而无人问津。

案例 5

两名大学毕业生开设了一家婚庆公司，但是自己没有相关知识与技能。不得不聘请主持人、摄像师等，大大增加的经营成本导致企业在激烈的竞争市场中倒闭。

案例 6

四川农民周长江 1995 年来到武汉创业，最初在姐姐的卤菜店帮忙宰鸭子，两年后自己开店。他生产的怪味鸭很受市场欢迎，于是和妻子一起拼命工作，每天只睡 3~4 个小时，加工、销售怪味鸭。其间他生意上屡遭失败，还经历了兄弟分家、孩子身患重病等诸多打击，仍然不屈不挠。6 年后，他终于积攒下了 100 多万元，再后来创出自己的品牌“周鸿鸭”，依靠加盟连锁成为一名千万富翁。

二、创业者的性格划分

不同的人性格各异，吴栋炯(2009)将创业者的性格划分为 4 种，并形象地用 4 种动物代表①。

(一)老虎型

老虎代表着力量，老虎型性格的人很强势。

老虎型创业者数量比较多，华为的老板就是一位典型的老虎型性格的人，其他如杉杉集团的创始人郑永刚，国美电器的创始人黄光裕，巨人集团的创始

① 吴栋炯，创业之路，上海三联出版社，2009 年。

人史玉柱都具有老虎型性格。

他们共同的优点是目标感极强,有坚定的毅力,有魄力,能够承受巨大的压力。但是,他们性格中的不足也可能影响创业的成功。一是老虎型的人做事情太追求结果和考虑事情本身,对别人的感受考虑得比较少,所以,一定要提高对人的敏感度;二是老虎型特质的人具有冒险精神,在创业初期比较容易成功,但也可能在后期因为冒进而失败;三是性格比较固执,这点是在创业过程中需要注意的。

(二)猫头鹰型

猫头鹰型性格的人,喜欢分析和讨论问题。百度创始人李彦宏就是一个猫头鹰型性格的创业者。他如果认准一个目标,会一直坚持做下去,不会轻易改变。

猫头鹰型性格的创业者中,有很多是技术专家型的,他们的洞察力比较强,考虑问题比较深入,对问题的理解也比较深刻,他们能够观察别人平时没有注意到的细节,看到别人平时没有看到的机会。但是,他们需要克服性格上的一些弱点,提高行动力、决断力和亲和力。

(三)孔雀型

孔雀型性格的人喜欢并善于表现自己。

蒙牛的牛根生是典型的孔雀型性格的创业者,其最大特点就是语言的煽动力、感染力非常强,能够快速建立良好的人脉关系,而且会有很多创新的点子和想法。此类创业者一般从做销售开始,他们可能会代理别人的一个产品,可能会去铺建一个销售渠道的网络。其勇于创新的特质有助于创业公司的成长。同样,孔雀型性格的创业者,也会遇到很多问题,需要学会专注、学会倾听,有效地控制自己的情绪,并学会知进退。

(四)考拉型

考拉给人的感觉是很可爱,具有亲和力、平易近人。

考拉型性格的创业者,其特点是比较内向、善倾听、容易悲观。考拉特质的人创业多是生存型创业,他们不喜欢变化、不喜欢冒险,性格比较温和,对人比较敏感,富有同情心,一旦他非得承担起某一项责任的时候,他也会挑起重担,一步一步把事情做好。

他们的优势是具有亲和力,在压力大的情况下,能够忍辱负重,做事情有条有理,按部就班。但是,考拉性格的人也要改变性格当中的一些缺点:一是要增强目标感;二是要增强决断力;三是做事情要有主动性,要敢于说出自己的感受。

三、性格与创业

创业者开始创业时情况各异。从创业动机看,有的人天生就有创业基因,有的人被逼无奈,有人则因为遇到了机会而创业;从创业准备情况看,有人冲动创业,有人精心准备待时机成熟后创业。创业者性格各不相同,有人擅长战略规划而不善执行、有些人擅长执行但不擅长作秀;有些人性格果断、有些人性格细致考虑周到;有些人温和、有些人严厉。每位成功者走过的道路不同,他们所从事的行业及所做的项目亦不同。

目前,没有一个统一的标准以判定哪一种性格特征更适合创业,创业者的最佳性格应该是复合型性格,具备这种性格的人往往办事认真、决策果断、善于应变、周到稳妥,具有优良的人格魅力。不同类型的创业项目对创业者的性格要求不同,例如性格内向的人不适合开办营销类公司,但是他可以寻找性格外向的人作为合作伙伴;或者找一个不用跟人打很多交道的项目。

一般来讲,性格与创业机会的匹配度越高,创业成功的概率就会越大,这里的关键是充分发挥性格特征优势以及发现性格特征的不足之处并加以改善。创业的过程,是不断自我完善的过程,性格决定命运,但是环境造就人。

性格在一定程度上可以改变。例如,性格内向、不善言辞的人也可能通过训练发生改变。新东方的掌门人俞敏洪在北大上学期间性格自卑、封闭,不参加任何活动、不在任何公开场合讲话,也没有当过一次班干部。他在创业过程中克服性格缺陷、不断丰富和完善自我,不断取得成功、不断增强自信。

四、创业者的基本特质

一般来讲,成功的创业者多具备以下特质:

(一)奋斗目标明确、意志坚定

创业者不仅要有明确的创业目标,还要一直追求这个目标。创业者要有强烈地改变自己的愿望,有强烈的自信心和进取心。创业途中充满波折,意志坚定是成功创业者的个性。创业是最需要强大心理承受能力的一项活动,创业的不确定性决定了创业过程中会有许多意想不到的困难,没有乐观精神很难坚持下去。面对创业中的艰难险阻,他们能够在逆境中坚持不懈、奋斗不止。

创业者多是不安于现状，骨子里透着创业激情的人。创业是一次心灵历练的过程，创业者将会遭遇各种困难和失败，创业者必须承受精神压力，保持激情和专注，目标明确、意志坚定、勇于面对挫折和挑战。

(二)富于冒险精神与创新意识

冒险精神是创业者精神的一个重要组成部分。创业过程中往往是风险与机会并存，性格保守、不愿意尝试新生事物的人不适合创业。创业者必须善于发现新生事物，并对新生事物有强烈的探求欲，成功的创业者乐于接受挑战并从克服困难中获得乐趣。冒险不是冒进，冒险是勇敢，冒进是无知，创业者不冒承担不起的风险。

成功创业必须在传统的基础上有新的突破，创业者需要很强的创新意识。创新是一种改变，但是前提是不能乱变。要变的是可变的东西，不可变的是理想和信念。在改变的过程中，一定要给自己足够的时间，同时要有时刻求变的心态。这两者结合起来，未来就很有可能成功。

(三)善于总结、不断学习

创业之初，创业者很难具备创业所需的各种能力和知识，创业过程中也会不断出现新问题。创业者在创业的过程中要善于发现问题、不断学习、调整和改造自己，具有较强的学习能力，善于分析问题和解决问题，从失败中吸取教训。知识就是力量、学习可以给人带来自信、自信是成功的助推器。

创业者不仅要总结与学习创业知识，更重要的是学习、提升创业技能、训练思维方式。创业者具有与众不同的思维方式、不安于现状的心态、不断探寻新契机。他们居安思危、自我反省，既能掌握事情全盘的来龙去脉，又能明察秋毫，从杂乱无章的事情中理出头绪。

(四)善于发现机会、迅速行动

创业者要对机会有高度的敏感性，善于辨识并快速抓住机会开始行动，如果遇事瞻前顾后，就会错失创业良机。加上敏锐的商业嗅觉、独立的判断力，并时刻把经历化为经验的能力对成功创业很重要。创业者有时候做决策时全凭直觉，准确抓住某个不起眼的信息而挖到“第一桶金”。

发现一个好的项目是创业成功的基础，过程中需要非常强的执行力。执行阶段充满成功的喜悦，也面临风险和挑战，可能非常烦琐，需要坚持。创业是一项需要全身心投入的事业，只有具备积极的态度和勤奋务实的精神方能创业成功。

(五)善于积累人脉

随着人际关系在创业中的作用逐渐加大，人脉圈日益成为创业信息、资金、经验的“蓄水池”,有时甚至在商业活动中能起到四两拨千斤的神奇功效。进入社会,首先要理解社会,学会换位思考。新东方的俞敏洪在创业之初对社会的复杂性一无所知,和社会上的三教九流打交道感觉特别吃力,后来慢慢学会了以平和心态去理解这些社会上的人,变得游刃有余。以下建议可帮助建立人脉关系网：

- 与人为善,多分享、多帮助别人,傻人往往有傻福；
- 多向别人请教,让别人感觉受到尊重；
- 多参加外界的活动,例如各种创业沙龙、各种比赛、讲座等,不仅学到知识提升自己,还能多认识一些人从中发现机会；
- 通过微信、电话等经常和他人联系；
- 经常组织活动,把周围的人带动起来,经常见面增进感情；
- 不要亏待别人,注意自己的言行不能伤害别人；
- 别人帮了你,要找机会回馈对方；
- 多接触那些对自己可能最有帮助的“贵人”；
- 多和活跃在商场的人交流,多和消息灵通人士沟通。

五、创业者应掌握的基本知识与技能

(一)掌握基础创业知识

创业者不同于就业者,他需要清楚创业过程中的每一个环节、环节间的关联性以及创业准备与创业过程中所涉及的关键知识点。创业者要有创造性思维,要做出正确决策,必须掌握广博知识,具有一专多能的知识结构。例如,相关政策、法律法规、市场调查、工商税务、项目运作、商业模式、财务管理、生产管理、人力资源管理、市场营销、网络知识等。只有创业者对创业所需的基本知识点有全面的了解，才可能理论指导实践，避免创业过程中因为无知而遭受挫折。“干中学”首先要知道学什么、如何学、和谁学,全面掌握创业知识是“干中学”的前提。

(二)具备技术与管理能力

能力通常与知识和经验联系，是顺利和高效完成对应活动的必备条件,并只能在活动过程中表现出来。创业需要了解一个行业,具备这个行业所需的基本技术与管理能力,否则失败的可能性很大。例如开饭店,如果自己不是厨师,又没有太雄厚的资金一下子请很多大厨师, 就很难把控你这个饭店的质量,而且很容易被大厨师炒鱿鱼。创业者必须自己是大厨,创业之初资金有限,创业者必须是这个领域中的专家,是一个能控制住专业局面的人。如果不是技术专业人才,则一定在管理方面有所长,具备规划与决策能力、组织与管理能力、处理突发事件的能力、对他人的影响力等。

创业者可以通过在拟从事的行业打工学习创业技能。要学习和积累未来创业所需的全面的知识,而不仅仅是岗位知识;利用打工企业的平台,广泛结交和积累人脉资源和其他资源;应聘公司的业务代表,借此熟悉该行业、了解相关产品、获得相关资源,条件成熟后从业务代表转换成代理商。

小结

1. 创业者有别于就业者,开始创业之前,学员们要对自己的性格特征、综合素质进行判定。

2. 创业有风险, 创业训练可以大胆尝试, 但是实际创业需慎之又慎。

实训

实训目的

1. 判定自己是否具备成为创业者的潜质。
2. 通过他人认知自己。

实训一:创业潜质测试

创业是一个充满成就感、诱惑力的词语,但并非每一个人都适合创业。以下问题可以使创业者在做出决策前对自己有一个初步的了解。[①]

① 整理自:http://wenku.baidu.com/view/311a10593b3567ec102d8a53.html,登录日期 2013 年 12 月 10 日

下列各题均有 4 个答案:A.是;B.多数;C.很少;D.从不。请选择符合你实际情况的答案。

1.在急需做出决策的时候,你是否在想:“再让我考虑一下吧。”

2.你是否为自己的优柔寡断找借口说:“是得慎重考虑,怎么能轻易下结论呢?”

3.你是否为避免冒犯某个或某几个有相当实力的客户而有意回避一些关键性的问题,甚至表现得曲意逢迎呢?

4.你已经有了很多写报告用的参考资料,但仍责令下属部门继续提供?

5.你处理往来函件时,是否读完就扔进文件筐,不采取任何措施?

6.你是否无论遇到什么紧急任务,都先处理琐碎的日常事务?

7.你非得在巨大的压力下才肯承担重任吗?

8.你是否无力抵御或预防妨碍你完成重要任务的干扰与危机?

9.制订重要的行动计划时通常忽视其后果吗?

10.当你需要做出可能不得人心的决策时,是否找借口逃避而不敢面对?

11.你是否总是在快下班时才发现有要紧事没办,只好晚上回家加班?

12.你是否因不愿承担艰巨任务而寻找各种借口?

13.你是否经常来不及躲避或预防困难情形的发生?

14.你总是拐弯抹角地宣布可能得罪他人的决定?

15.你喜欢让别人替你做自己不愿做的事吗?

诊断结果:(分值计算:A.4 分;B.3 分;C.2 分;D.1 分)

1. 50~60 分:你的个人素质与创业者相差较远。

2. 40~49 分:你不算勤勉,应彻底改变拖沓、效率低的缺点,否则创业只是一句空话。

3. 30~39 分:大多数情况下充满自信,但有时犹豫不决,不过没关系,有时候犹豫是成熟、稳重和深思熟虑的表现。

4. 15~29 分:你是一个高效率的决策者和管理者,更是一个成功的创业者,具有良好的心理素质和坚韧不拔的毅力。

实训二:认知自己

将自我认知以一张思维导图的形式表现出来;

本团队中的各位学员分别写出团队中其他同学的一个优点和一个需要改

进的问题；

将上述两个结果进行比对。

实训三:创业能力测评

登录全国大学生创业服务网,进行创业能力测评。

第四章 创业团队

本章要点

1.创业团队的组建。

2.创业团队的维系。

一、案例导入

案例 1

7个朋友合伙开网吧,不到一年便关张。原因之一是一个小网吧不需要如此多的老板;之二是7个人分工不明确;之三是每个人的工作绩效没有考核,有人勤勉、有人懈怠;之四是大家经常带朋友到网吧免费使用机器。

案例 2

李某和其堂哥共同创业,建厂生产一种高档衣架。就在事业刚有起色的时候,出现了问题:其堂哥因在外地有生意,他妻子要求他回到外地;李某的父母、恋人也强烈反对他的创业行为。不得已,李某最后选择了放弃。

案例 3

张某在某县开了一家店,主要经营电脑硬件和攒机。为了让公司更具规模,张某在已有两个股东的基础上,又找来了第三个股东。经营过程中团队出现了问题:一个股东的执行力偏弱,另一个股东竟然在公司运营到3个月时,私自调用了3万元资金,造成公司资金链断裂。加之公司经营上的一些失误,1年之后企业倒闭。

案例 4

某创业团队三人能力互补：一人是一名销售型人才，具有永不气馁的精神；一人具有很强的条理性，甚至可以直接走上讲台当培训师；一人有一定的管理经验，负责和客户做业务前期的分析谈判。三人成立了一家教育培训机构。然而，公司成立 10 个月后倒闭，主要原因是团队缺少核心领导者、内部争论过多。

案例 5

由于发现了奥运旅游商机，大学生夏某写出了一份商业计划书并寻找到了投资。一个三人的创业团队匆忙组建了起来，成立之初三人股份均分，没有领头人。由于没有充分考虑困难并做好应对意外情况的心理准备，面对困境创业团队开始感到迷茫。每个人对风险的喜好不同、做事风格不同、彼此不熟悉，加之团队中没有人控制话语权，导致沟通困难，很快团队解体。

案例 6

阿强和阿伟开了家电脑经营部，生意不错。于是另外几个朋友要求投资入股。为了把生意做大，他们同意了。但矛盾由此而起。随着投资人不断加入，有发言权的人同比例增加。最终因为利润分配不均，持续了不到一年的创业便宣告失败。

案例 7

某咨询公司有 4 位合伙人，在组建这家公司时按照每人 25%的股份平均分配，每人负责一块儿业务。由于创始合伙人每人都在各自领域具有较强的业务能力，该公司在创业初期一帆风顺。随着业务的发展，公司的四块儿业务出现了发展的不平衡，合伙人之间出现了矛盾。但是当初约定的 25%的股份却难以改变，在矛盾难以调和的情况下，四人各奔东西。

案例 8

黄恺上大学期间接触到舶来的桌面游戏，他尝试用三国的背景设计游戏“三国杀”。出于兴趣爱好，他和另外两个同学成立了一个工作室，把三国杀的纸牌放在淘宝上售卖，半年内卖出了上百套。后来清华大学计算机博士杜彬敏锐地察觉到了商机，加入了创业团队，大家一起成立了一家专门经营和开发桌游的公司，之后公司逐渐做大。

案例 9[①]

南存辉和胡成中从小是同班同学。毕业后，南存辉成了修鞋匠，胡成中做了裁缝。1984 年，两人共同出资 5 万元开办了乐清求精开关厂，办厂时双方约法三章：每人股权各占一半，互不控制；各自的夫人不能进厂，不干预企业决策；谁要引进亲戚谁就出让股权。随着企业的实际建立和运行，最初的约法三章不能解决所有的问题，比如两人在企业重大决策中出现冲突时，没有确定谁有最终的决策权，于是两人又约定，厂长和法人代表每年轮流做。在当时民营企业发展不成熟、企业法律制度尚不健全的情况下，这种以创业者之间的契约确立企业运行规则的做法，反映了两位温州人的超前智慧。

但是这种靠契约建立企业运行规则的做法也存在极大的局限性。由于经营得当，企业生意十分红火。随着企业不断发展，两人之间的矛盾和摩擦也越来越多。1990 年，乐清求精开关厂分立为两人各自掌管的分公司。1991 年，两人正式将求精开关厂一分为二，并按照最初约定各分得资产 100 万元，重新开创各自的事业。最初的契约尽管存在局限，但它约定了两人的股权分配比例，从而在使双方避免产生激烈的冲突方面发挥了重要作用。

二、组建创业团队

小本创业最好是自己单独做，否则创业者的很多精力会花在业务之外的地方。有的创业项目需要多种技能、多种资源，单靠个人的力量很难完成，团队创业成为一种选择。团队创业有利亦有弊，利是分工合作优势互补、团队成员精神上相互鼓励等；弊是利益分割影响收益、意见不一致时延误时机、可能的激烈冲突、权责利的不平等、不利决策难以撤销等。一般来讲，组建团队应遵循以下原则。

(一)团队成员有共同的愿景

组成创业团队的基石在于创业前景与共同信念，因此需要能够凝结人心的前景与经营理念，形成共同目标、语言、文化，作为互信与利益分享的基础。创业

① 资料来源：http://www.docin.com/p-326965736.html，登录日期 2013 年 12 月 1 日

团队成员的经营理念与方式不一致导致创业团队解散的情况非常普遍。团队中没有个人英雄主义,个人价值体现在对团队的贡献。

(二)成员间优势互补

创业团队应该优势互补,在一个创业团队中,成员的知识、技能结构越合理,创业的成功性越大。一个优势互补团队所掌握的可控社会资源以及潜在可用资源会更有利于企业的发展。在团队形成之初,有时不具备具有某些才能的成员,创业者需要学习这些技能。

(三)有一个强有力的领导者

创业团队的产生可能是某人首先发现了商业机会, 然后开始组建团队;也可能是同学、朋友等一起发现了商业机会,然后组建团队开始创业。无论如何,创业团队必须有一个人担当团队的领导。团队带头人必须有能力吸引和留住人才与之一起艰苦奋斗。正直、公正、信念、恒心、毅力、进取精神、服务精神、大局意识、擅长学习、卓越的判断力和设计能力等优秀的人格品质无疑会提升领导者的影响力和个人魅力,从而扩大其追随者队伍。

(四)成员具有良好的人品

一般来说,创业者在选择创业伙伴时主要考察对方的人品和能力。相对于能力而言,人品更加重要,它是人们交往和合作的基础,也是决定一个人是否值得信任的前提。在创业团队中人们注重的人品主要有:是否诚信、其行为和动机是否带有很强的功利性、是否具有合作精神、是否有爱心、宽容等。另外,团队成员要对集体忠诚,彼此以诚相待、公平相处,误会和猜疑产生时应及时沟通。

(五)对创业组织长久的承诺

加入创业团队的人一定是对创业项目有着充分、持久的热情,对于企业经营成功给予长期的承诺。每一位成员均应了解企业在成功之前将会面临的挑战,并承诺不会因为一时利益或困难而退出,并且有每天长时间工作的思想准备。任何人,无论其专业水平多么高,如果对事业的信心不足,这种负能量对创业团队产生的影响可能是致命的。

(六)成员具有良好的心理素质

创业过程面临各种挑战,例如长时间操劳、失去个人生活、精神压力大、没有稳定收入、有时不得不做自己不喜欢的事情等。在创业之初,受资金、环境等各方面条件的限制,许多事都需亲力亲为,他们要不断思考来改进经营,若无充沛的体力、旺盛的精力、敏捷的思路,必然力不从心、难以承受创业重任。任何人无论其专业水平多么高,如果对创业事业的信心不足,不具备非常强的心理调控能力,将无法适应创业的需求。

三、发展创业团队

好的团队是保证创业组织生存与发展的关键,创业过程中可能会遇到各种困难而导致创业团队解体。例如,由于环境的变化使得团队成员间产生意见分歧,当企业发展遇到瓶颈时,之间的矛盾就容易被激发;创业初始成员间知识和信息的同构性往往比较高,而技能与资源互补性较差,需要团队重整;成员间对创业目标可能会越来越模糊等。因此团队维系变得重要。维系创业团队,需考虑以下几点。

(一)建立公平、弹性的利益分配机制

为了避免创业组织开始运行后团队成员在利益分配上产生争执,在创业初期就制定一个合理与透明的利益分配机制。团队成员的股权分配不一定要均等,通常创始人与主要贡献者会拥有比较多的股权。创业团队应该以法律文本的形式确定各自投资的数额、在企业总股本中的比例、经营期间各自的权利和职责、企业利润分配的原则和分配方式,以及经营期间出现纠纷时的解决方式和途径等。

初创企业股东之间往往是按照出资的比例来决定股份,忽视了个人能力和智力层面的无形资产, 创业之初的股权分配与其创业过程中的贡献不一致,因此创业团队利益分配机制需要具有一定的弹性。

(二)明确的分工与合作

创业初期每个团队成员的工作量多而杂,团队成员都应清楚自身和他人的优劣势,要分工明确。团队成员的分工不仅包括责任,还应包括权力和利益的分配机制。团队成员不仅有分工,还应明确协作关系。这可借助工作岗位的描述与工作流程进行。团队成员要尽可能了解其他团队成员的目标、压力和需要的帮助,提供力所能及的帮助。

(三)团队成员积极调整心态

跟朋友、家人、同学一起做事情本来是一种很自然的选择,因为很多时候熟悉是信任的基础。但是创业是商业行为,需要高度理性。朋友、家人、同学间合作的前提是调整好自己的心态。要清楚朋友、家人、同学和合作伙伴之间的

界限，什么事情是朋友、家人、同学层面的、什么事情是商业层面的，不能混为一谈。

(四)建立良好的沟通机制

成员间的尊重与互动沟通有助于增进成员间的感情和团队的凝聚力，保持团队成员之间对业务信息的充分了解。团队需要形成通畅的沟通渠道和沟通机制，对于工作中出现的争端，沟通时以团队的远景目标为基础，对事不对人、互相尊重、避免正面冲突。出现冲突与分歧时，需要用数据说话。

(五)形成良好的团队文化

团队文化是团队成员在相互合作的过程中，为实现各自的人生价值，并为完成团队共同目标而形成的一种潜意识。在创业初期，团队文化渗透到创业活动的每个细节，不断影响创业团队成员的思想意识，使团队具有强烈的认同感和归属感，从而对创业目标、团队决策进行承诺与支持。形成良好的团队文化需要团队不断学习。

小结

1. 平时注意观察、选择一两个长期搭配、互相信任的朋友作为未来创业合作伙伴的储备。

2. 团队创业以 2~3 人为佳。

3. 一个优秀的团队可以让一个二流的项目变成一流，但是一个二流的团队则会使一个一流的项目变成二流。

实训

实训目的

1. 对自己在团队中的定位进行判定。

2. 开展团队建设训练。

实训一:西游记团队

西游记团队是一个优势互补的团队。

唐僧:团队的领导者,没有唐僧的团队将是一群乌合之众。他目光远大、目标明确、注重行为规范和工作的高标准,有能力打造确保项目长期成功的系统。他还要充分发挥团队成员的才智,使他们扬长避短,合作无间。

孙悟空:创新型人才、团队的业务骨干,能够跳出框框思考问题。如果一个团队里能够有总能提出建设性的可行性建议和一个能不断发现问题的批判性成员,对于创业过程将大有裨益。孙悟空崇尚行动,注重工作结果,能够迅速理解和完成任务。没有孙悟空,唐僧的远大抱负很难实现。

猪八戒:善于活跃工作气氛,确保团队成员相处融洽;承担了团队的公共关系工作。没有猪八戒的团队将是枯燥无味的。

沙僧:是团队的实干家,平和、冷静、坚韧,承担了团队的事务性工作。

西游记团队的成功,一是目标要明确,每位成员知道为什么而行动。二是唐僧有紧箍咒可以管住胆大妄为的孙悟空,这是以制度管人。三是唐僧以修成正果不断引导团队行动协调一致。四是强有力的执行,不管困难有多大都一往无前。西游记团队给我们的启示是:团队建设必须明确目标、规范管理、经历磨合协调、相容互补的过程,提高企业的执行力。

将各组分别看作一个西游记团队,确定每位学员在团队中的角色定位。

实训二:沟通训练

每 12 个人一组,每个小组分别领到长 20 米的绳子。小组中所有成员均戴上眼罩(队长除外),在队长指挥下,把绳子围成一个正方形。

对比与讨论:为什么有的组正方形摆得好,有的组未摆好?

实训三:创造力训练

12 人为一组,每个团队要创造出一个怪兽,这只怪兽只有 11 只脚,4 只手在上,而且全体人员必须连接在一起成为一个整体。

讨论:

1.大家如何达成共识?

2.最有创意的团队其创新之处体现在哪里?

第五章 选择创业项目

本章要点

1. 捕捉项目信息。
2. 创业项目选择的基本原则。
3. 创业项目甄别工具。

一、案例导入

案例 1

农村来的大学生杨某失恋了，一天，一对身着情侣文化衫的学生情侣刺激了他——你们是情侣，我却是个失恋的单身汉。有情侣衫，就有光棍衫！杨某上网一查，得知全国的剩男剩女数量庞大，并且目前市场上多数商家都关注于开发情侣用品，鲜有表现单身男女的文化产品。杨某很快组建团队开始创业，很快，他的“光棍T恤”火遍校园。

案例 2

下岗女工李某的一位朋友乔迁新居，她前去贺喜，结果她发现新房里有刺鼻的油漆和涂料气味。她觉得环保家装应该是一个比较看好的行业，于是上网寻找创业项目。她发现了“纳米秸秆门”项目应该很适合现代家庭装修，于是到厂家学习生产技术。学成回到家后，李某开始生产纳米秸秆门。但是产品上市后无人问津，原因是产品虽然环保，但是并不适合当地的气候，秸秆材质韧性差，容易变形。

案例 3

“神马”成了最热门网络词语的时候，一天外婆和张某说想看看“神马”。张某按照在网上搜到的关于“神马”的描述，缝制了一个憨态可掬的“神马”。小表妹把“神马”带到学校后很受同学们的欢迎。于是张某开了一家创意玩偶店，生产和销售“神马”，进而发展到各种网络神兽。

案例 4

农村学子杨某在上大学期间，向老师要了一些玉米新品种到家乡引种。其中的“水果玉米”收获时，得到了亲朋好友的青睐。杨某进行了市场调研：他拿了几个生的和几个煮熟的水果玉米到集市上卖，没想到十几个玉米棒子竟然能卖20多元钱。进一步上网查询后他发现水果玉米富含营养成分，是一种新兴休闲保健营养食品。于是杨某让家人开始小规模试种，销售情况很好。大学毕业后，杨某返回家乡种植水果玉米。

案例 5

李某家在山区农村。在政府有关部门的大力扶持下，当地很多农民种植甘蔗。一到甘蔗收获季节，请砍蔗工成了让大家头疼的事情，李某家里也面临这样的问题。他琢磨着要是有个专门的人把要用工的东家和砍蔗工联系起来，会省去双方很多麻烦。李某印了几十张广告张贴到镇内各村各屯的公告栏，当晚他就接到了十几个电话。最初李某是免费帮助本村的蔗农对接砍蔗工，很快，外村的蔗农也打来电话要他帮忙寻找砍蔗工，并表示可以给介绍费。李某从中发现了商机，也把中介业务范围从砍蔗发展到搬运、装车以及后来的销售。

案例 6

四川女孩郭星刚刚走出大学校门，她找到第一份工作是为一家公司散发广告宣传单。在向路人发传单时，她发现有人把多张传单派发给同一个路人，有的路人接到传单后随手丢进了垃圾桶。她开始思考如何增加广告单的阅读量，灵光一现，她想到了网上购物，把广告印刷在快递公司的传递或送货单上。于是联合了几位同学一起创业，很快就赚了一笔钱。

案例 7

打工女孩张某一天逛街时，看到一家商店销售充气娃娃。她灵机一动：如果把枕头做成人的形状，晚上抱在怀里不就舒服多了？转天她就做了一个母亲抱枕,同宿舍的女孩子纷纷要求张某多做几个,每个付费 15 元。很快,别的宿舍的女孩也要张某帮着做。张某意识到了商机,开始创业。她不断开发新产品,抱枕生意一直很好。

案例 8

小李经营彩色钥匙失败,原因:

1. 该项目需要多种匙型以及与之搭配的图案,方可满足顾客的基本需求,因此初期投入高。

2. 以相似的匙型改制成所需的匙型技术复杂。

3. 彩色钥匙因为成本高使得销售价格远高于普通钥匙。

4. 因为对于加工者的技术要求高,需要高价雇有经验的老师傅。即便如此,经常出现顾客把钥匙拿回家但是开不了门的情况。

5. 彩色钥匙的材质对配匙机磨损严重。

案例 9

几个朋友一起创业,来到义乌进货。义乌进货每种商品进货量要很大,他们被义乌小商品的低价所诱惑,还是采购了 6 万余元的货物。经过近半年的销售后,仍有大量的货物积压在仓库里,造成资金周转困难。

案例 10

几名农业大学的毕业生一起承包了某农场的土地创业。虽然大家踌躇满志、干劲十足并且也有吃苦精神。由于缺乏资金、务农实践和市场经验,团队的分歧也越来越多,最终陷于困境。

案例 11

王强发现某豆腐连锁项目生产的豆腐很受市场欢迎,于是在总部接受了培训后,回到家乡开始创业。创业失败,原因是黄豆的产地不同,豆腐的产出率有很大不同。使用培训时学到的方法生产黄豆,豆腐的产出率很低。王强不得已提高售价,但是当地人由于消费水平低,对豆腐价格敏感,王强创业失败。

案例 12

小刘和另外两个同学一起开办了一家中介所,以介绍家教为主。开始时生意不错,每位接受中介服务的学生会支付 10~15 元不等的中介费。随着业务的扩大,部分同学在与家长“接头”后就甩开中介。三位“股东”开始出现争执,经营两个月后分道扬镳。

案例 13

某陶瓷制作专业的大学生张某在某大学城建了一个陶吧。因为新鲜,陶吧火了两个多月,很快问题就凸显出来:女生嫌玩儿泥巴脏,男生在寝室当“宅男”。再后来,准备期末考试、各种证书、等级考试让大部分学生足不出户,生意极为清淡。寒假到来大学城成了一座空城,这给了小店致命一击。

案例 14

张某大学学的是模具专业,他在深圳发现一套成本价仅为 30 多元的手机外壳,批发价可达上百元。他蹲守在一家手机外壳批发店门外观察客流量,结果令他大吃一惊:这家店每天可销售 300 多套外壳。他决定以模具开始,从事高仿机或改制机外壳研制。2003 年,他和朋友一起开办了一家生产手机壳的工厂,短短两年时间就淘到了第一桶金。

案例 15

奥运期间,北京市草坪价格一路攀升,于是王某成立一家草坪公司。但是政府政策很快发生变化,要求降低绿化总量中草坪的比例。政策一出,草坪市场随即萎缩,政策的变化导致王某直接亏损 10 多万元。一个偶然的机会王某了解到市场上大量需要冬天也不会枯萎的草坪,用于足球场。王某积极进行产品转型,市场供不应求。同时,利用草坪种植企业退出北京市场的时机,重新种植了绿化用草坪,获得政府的采购订单。

案例 16

张某在河北农村收苜蓿卖给周边的养牛场。由于人民币的升值,美国进口的苜蓿大量进入中国市场。进口的苜蓿质量好,价格适中,并且新疆建的大面积的苜蓿生产基地,也对张某的业务有很大冲击。因为无利可图,当地农民不再种植苜蓿,张某停止经营。

案例 17

2013 年 10 月 31 日,中央纪委发出《关于严禁公款购买印制寄送贺年卡等物品的通知》。公款订购台挂历送礼的现象基本消失,随之国内台挂历市场也萎缩了大半,相关企业不得不谋求转型。

二、捕捉创业机会

创业机会无处不在,发现创业项目不仅需要创业者敏锐的商业直觉,还要多寻觅、多观察、多咨询。关注社会上发生的各种变化,在变化中发现机会;留意自己和他人工作、生活中的各种不便,抓住机会弥补市场空缺;很多人创业不是有意为之,而是不经意间有了某种被周围人认可的产品或服务,进而演进成创业项目。

(一)创新机遇的来源

彼得·德鲁克提出了创新机遇的 7 个来源。前四大来源存在于机构内部,或是存在于某个产业或服务领域内部。它们基本上是一些征兆,但却是那些已然发生,或者只需少许努力就能发生的变化的极为可靠的信号。后三种来源涉及机构或产业以外的变化。这些来源的讨论顺序是按照可靠性和可预测性的递减顺序依次排列的。①

1. 意外的成功、意外的失败、意外的外在事件

指意料之外的成功、意料之外的失败、意料之外的外部事件等。意外的失败或成功往往表明一种潜在的变化,并且也预示着机会的存在。意外事件带来的创新机遇风险最小,求索过程的艰辛程度也最小。

2. 不一致之事——现实与设想或推测的不一致

隐藏在不一致性背后的变化是发生在产业、市场或程序内部的变化,实际与设想间的不一致也是创业机会的一个先兆。

① 彼得·德鲁克著,蔡文燕译,《创新与企业家精神》,机械工业出版社,2007 年。

3. 基于程序需要的创新

程序需要存在于产业、服务业或者一个企业的内部。它是以有待完成的工作为开始,着重于工作,而不是情况。它使现有程序完美,取代薄弱环节;同时,还围绕新得到的知识,重新设计存在的旧程序。

4. 行业市场结构的变化

行业市场结构的变动,对行业内的企业及其管理者提出了新的挑战,要求他们实施创新以适应新的环境。这些变动为行业之外的成员创造了显而易见的巨大创业机遇。

5. 人口统计数据变化

一般来说,不同年龄、不同性别、不同区域的人群对于特定产品的消费偏好是不同的,社会人口结构的变动会带来商机。例如,随着中国社会即将进入老龄化阶段,满足老年顾客的消费需求构成一个巨大市场。

6. 认知的变化

只要感受、情绪、理解等意识形态发生变化,无论是什么原因促使其发生变化,它都将创造大量创新机遇。例如,随着人们生活水平的提高,消费观念变化表现在从满足基本生存需求向追求个人的全面发展转变,因此,时尚、环保、节能、精神文化产品成为创业机会。

7. 新知识

新知识需要不同知识的融合,需要对科学、技术和管理的综合运用,并且要求在技术和社会各领域都与其协调一致。

创业者应该将变化视为常态,敏锐意识到变化,把变化视为可利用的机会。市场上布满着各种机遇,也有不少的风险。成功的企业家就是在反应和把握机会的同时,认清目标、减低风险,将资源转移到一个更有价值的地方。创新从某种意义上讲,是为旧产品发现新的用途。

(二)创业机会的来源

创业就是找出一种需求然后满足它,创业是为消费者提供一种有效服务或一种实际产品。社会越来越复杂,人们所需求的产品和服务越来越多,越来越呈现差异化,创业者要做先发现这些需求而且满足需求的人。以下是创业机会的几种来源。

- 发现产品的某种缺陷加以解决。
- 进入一个成长性的产业链中,发现其中的空缺环节,将其发展为创业项目。

• 网络上有各种创业信息、创业故事、关于创业项目的评论，电视、报纸杂志有各种创业栏目，创业者要多加关注。

• 很多广告是收费的，商家愿意付费做广告，意味着对该项目深思熟虑。创业者可以咨询研读这些广告，了解其具体业务和盈利模式，也可以联系广告发布厂家进一步咨询。

• 请教有经验的人士，还可以寻求朋友和家人的帮助。

• 在展会上了解行业发展前景、发现创业项目、寻求合作伙伴。

• 政府是一个重要的创业信息来源，要从政策、计划、项目、活动中寻找机会。要关注政府网站，或者通过听广播、看电视获得资讯。

(三)获得创业项目的方法

• 可以直接移植、借鉴国外或国内其他地方好的项目。

• 将其他行业的解决方案移植到另外一个行业中。

• 通过挖掘不同项目的优点及其相互关联，将其组合起来产生一个新的项目。

• 在与他人的比较中，从自身优势出发，创造满足某种市场需求的新路径，由此衍生出一个新的创业项目。

• 加盟是创业项目的重要来源。加盟商的成功相当程度上取决于总部提供的各项资源，如品牌的知名度，培训的有效性，产品的研发能力。

三、创业项目选择的基本原则

选择创业项目的基本原则是将个人特长与市场机会进行有机组合。同样的项目、若不同的人操作、选择不同的地点、不同的时机介入，其结果可能截然不同。一个好的创业项目应该“天时、地利、人和”。

(一)项目适令自己

1.表现在这是自己喜欢从事的事业，没有热爱，就不会成功。

2.创业者具备项目所需的技能，例如，具备某种商品知识、管理经验、有过从业经验等。如果进入自己不熟悉的领域，应做好充足的资金、人员准备以及精神准备以应对未来的困难。

3.熟悉相关领域，具有相关的行业经验。

4.创业者掌控关键资源，如生产技术、进货渠道等。

5.适合自己的经济实力。在选择创业项目时,要考虑到一旦项目失败,自己是否可以承受最大的损失。

(二)项目处于成长期

处于成长期的项目一般具有较好的市场前景。一般来说,市场上显示商机的一个最重要的特征是市场已经开发了,但是现有的供应商不能够满足市场。毫无市场基础的项目会增加创业风险;介入成熟期的项目因为市场已经饱和,激烈的竞争不仅挤压其利润空间,还可能很快将创业者挤出市场。

创业者要对市场、特别是本项目的目标市场进行充分的调查,形成对市场容量、竞争态势的客观评价,不要盲目乐观。

(三)项目投资少、见效快

创业开始,生存是最重要的,因此要选择能短期见效的项目。投资少的项目往往简单、易于创业者学习与掌控创业过程,特别是风险易控。见效快的项目可以保证创业者有足够的现金流维持企业生存。

应避免选择需要大量库存的项目。

初创者普遍缺少实际的管理经验,创业初期应该以开拓市场为主导。应尽量选择用工少的项目,不要被人事工作所拖累。

(四)项目具有特色

特色项目是适合当地市场的项目。当地的市场环境包括当地的消费习惯、消费水平、消费潜力、消费人群、需求状况等。不考虑本地的具体情况,再好的项目也会水土不服。

特色项目除了可以避免陷入与同类型的竞争者同质化竞争的困境,还可以提升产品的辨识度和认知度、拥有更高的定价空间。但是,特色项目往往是小众产品项目,因为市场空间小,需谨慎决策。

(五)项目没有法律纠纷

法律纠纷可能发生在转租店铺、从某人手中接受承包一个项目、选择加盟连锁项目时。创业者要对所选项目进行深入细致的调查,避免法律纠纷。

(六)项目利润空间足够大

项目的利润不仅要大于成本,并且有足够的利润空间。成本包括有形成本和无形成本。有形成本包括创业者个人工资成本、雇用成本、资金成本等;无形成本包括精神压力、团队解散带来的精神损失、无法与家庭成员团聚等。

四、甄别创业项目的工具

(一)风险投资家使用的评估标准

创业者可以借鉴风险投资家筛选投资项目时使用的一系列评估标准,对创业项目的可行性进行判定(参见表 5-1)。

表 5-1 创业项目的评价准则

准则	吸引力	
	较高潜力	较低潜力
一、产业和市场		
1.市场		
需求	确定	不被注意
消费者	可接受	不易接受
对用户回报	不到 1 年	3 年以上
增加或创造的价值	高	低
产品生命	持久;超过投资加利润回收期	不能持久;比投资回收期短
2.市场结构	不完全竞争或新兴市场	完全竞争或高度集中或成熟产业或衰退市场
3.市场规模	大	不明确或小
4.市场增长率	以 30%~50%或更高速增长	少于 10%或很低
5.可达到的市场份额	20%或更多;领先者	不到 5%;很低
6.(5 年内)成本结构	低成本	成本恶化
二、资本和获利能力		
7.毛利	高;持久	低;脆弱
8.税后利润	高;持久	低;脆弱
9.所需要的时间	短	长
损益平衡点	2 年以下	3 年以上
正现金流	2 年以下	3 年以上
10.投资回报潜力	25%/年或更高;高价值	15%/年或更低;低价值
11.价值	高战略价值	低战略价值
12.资本需求	低到中等;有资助	高;无融资
13.退出机制	现时	不确定;投资难以流动

续表

准则	吸引力	
	较高潜力	较低潜力
三、竞争优势		
14.固定和可变成本		
生产	最低	最高
营销	最低	最高
分配	最低	最高
15.控制程度		
价格	中到强	弱
成本	中到强	弱
供应渠道	中到强	弱
分配渠道	中到强	弱
16.进入市场的障碍		
财产保障/法规中的有利因素	已获得或可以获得	无
对策/领先期	具有弹性和相应对策	无
技术、产品、创新、人员、资源、生产能力的优势	已有或能有	无
法律、合同优势	专利或独占	无
竞争者的倾向和战略	竞争性的;有一些;非自毁性的	麻木不仁
四、管理班子		
17.管理班子	强大	不称职
五、致命缺陷		
18.致命缺陷	没有	一个或几个

资料来源:李志能、郁义鸿、罗伯特·D·希斯瑞克.创业学.上海:复旦大学出版社,2000,pp58-59

(二)SWOT 分析方法

1. SWOT 分析方法简介

SWOT(优势,strengths;劣势,weaknesses;机会,opportunities;威胁,threats)分析,通过分析创业组织面临的优势和劣势、机会与威胁,对拟选择的创业项目进行甄别(图 5-1)。优、劣势分析着眼于创业组织自身的实力及其与竞争对手的比较,而机会和威胁分析将注意力放在外部环境的变化及对企业的可能影响上。

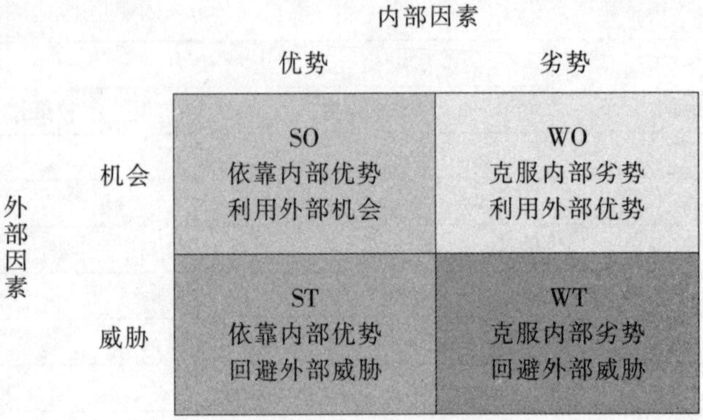

图 5-1　SWOT 分析模型

在进行 SWOT 分析时，机会与威胁（外部环境）可借鉴 PEST 分析模型（参见图 5-2），从政治因素（political）、经济因素（economic）、社会因素（social）和技术因素（technological）4 个方面进行。

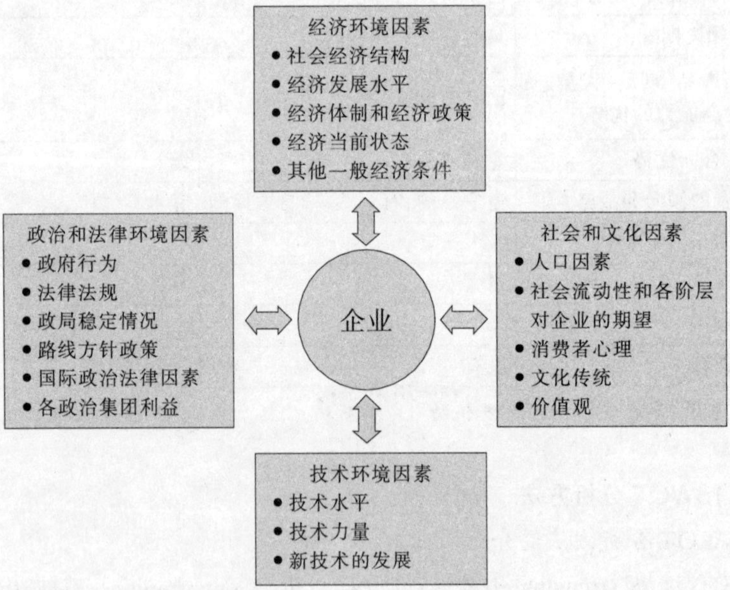

图 5-2　PEST 分析模型

拟选择的创业项目所处行业的企业竞争格局以及该行业与其他行业之间的关系可借鉴波特五力模型进行（参见图 5-3）。这 5 种力量综合起来影响着产业的盈利能力。

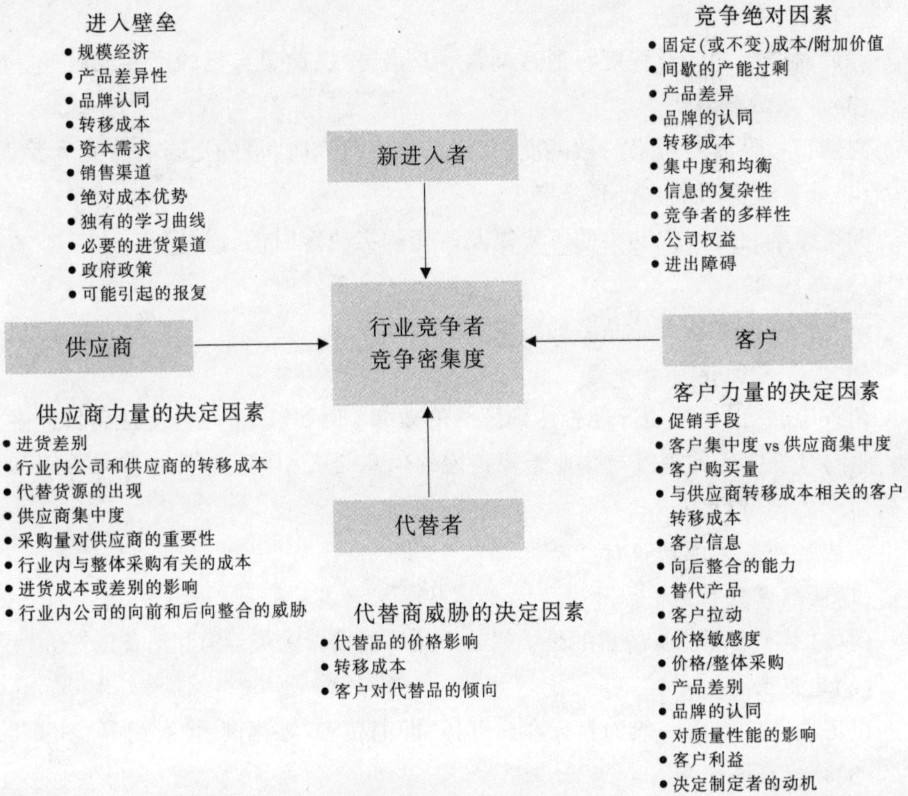

图 5–3 波特五力模型

波特五力模型在进行企业优劣势分析时可提供借鉴。进行企业分析可考虑企业的财务能力、学习能力、内部管理能力、技术、生产成本、特殊能力、资源、产品、价格、渠道等方面内容。

(三)市场调查

知己知彼,百战不殆。市场调查既是一种方法,也是一种工具,广泛地应用于创业过程的各个阶段。选择创业项目时需要进行市场调查,制订营销方案、制订用工计划、进行新产品开发,设计内部管理流程等都需要进行市场调查。

1. 市场调查的应用

(1)市场测试

在决定创业项目前,调查市场上同类产品的销售情况、进行竞争对手调查;测试潜在目标客户对拟上市的产品或服务的接受程度等;或在产品上市前,提供一定量的试用品给目标顾客,通过他们的反应测试此产品未来市场的走向。

(2)客户满意度调查

客户对产品的满意程度。通过调查客户满意度,改进自己的产品或服务。

(3)价格调整测试

测试目标顾客对价格的敏感度,找出当价格改变时,最先受影响的消费者。

(4)消费者购买决定过程研究

调查影响目标客户购买的因素以及改变购买决定时的行为模式。

(5)品牌命名测试

研究消费者对新产品品名的感觉。

(6)广告和促销活动研究

调查广告、促销活动等是否达到理想的效果。例如,广告是否传达到目标客户?他们对于广告的理解与企业希望传递的信息是否相同?目标客户是否因为广告而产生消费行为?

2. 市场调查方案的设计

(1)明确调查目的

例如,本次市场调查的目的是了解某产品的消费者购买行为和消费偏好等。

(2)选定调查对象

市场调查的对象一般为目标客户群体,即消费者、零售商、批发商等。

(3)确定调查内容

调查内容是收集资料的依据,可根据市场调查的目的确定具体的调查内容。调查内容的确定要全面、具体,条理清晰、简练,避免过于烦琐。

(4)列出调查问题

将调查内容细化为调查问题,可以以调查问卷的形式表现出来。

(5)确定调查范围

调查地区范围应与企业产品销售范围相一致。例如某产品覆盖整个城市,为提高工作效率、节省调研费用,一般可在城市中划定若干个小范围调查区域。

(6)选择市场调查的方法

适合于创业者使用的市场调查方法有观察法和访问法。

(7)进行数据采集

按照预先设定的方法进行数据采集。

(8)数据分析

采用简单的定量描述即可。

3. 市场调查的方法

(1)观察法

是社会调查和市场调查研究的最基本的方法。例如,市场调查人员到被访问者的销售场所去观察商品的品牌及包装情况。观察法也可以采取神秘购物的方式进行,即调查者以普通顾客的身份购买特定物品或消费特定的服务,以此测试产品、服务态度等。

(2)访问法

调查人员与目标客户面对面交流。可以根据事先设计好的调查问题进行访问,也可以由调查人员与被访问者自由交谈。

例如,进行店铺位置选择,需做市场调查,其中客流量可以通过观察法获得,同类商家信息则可以利用询问调查法获得。主要调查内容包括店址周边客流量、目标客户的消费能力、性质;竞争对手的距离、数量、经营规模、销售额;竞争对手的产品结构、类型、主打商品、辅助性商品、关键商品、价格等;竞争对手的促销方法;顾客进行消费的原因等。

调研内容不同,使用的方法也不同。在获得客流量信息时,可以每隔两三个小时到主要的流通路口实地检测人流量,根据人们右侧通行的习惯,只测量单行右侧的进入人流,即可推断出整体流量;考察同一地段同类商店的经营业绩,初步测算自己以后的营业额。

又如,加盟连锁是一种创业者常用的选择创业项目的方式。选择加盟连锁时,要亲自到厂家实地考察。可以以一名普通顾客的身份,和店主、员工聊天,看对方能否合理解答关键疑点;估算对方的日营业额、经营成本等,分析客户群、消费时。还要从侧面打听该公司的口碑和信用情况、公司的厂房、设备、公司制度、工作流程等;考察其经营现状,经济实力,与客户间的诚信度以及产品功能等是否和宣传的一样。

小结

1. 创业项目是确定要“干什么”,但是一个创业项目是否成功运行,创业者不仅要回答“干什么”,更要明晰“如何干”。

2. 创业项目选择后,在创业过程中多会出现对创业项目进行完善的过程,关键是要不断总结经验,加以完善。

3. 市场调查是一种十分实用、简单易行的工具，创业者要注意随时随地应用。

4. 签订加盟合同前，认真研究加盟保障条款，如开业指导、后续服务、退换货条件、纠纷处理、退出加盟条件等。

5. 同类商店越密集，生意越好做。

6. 根据营业内容及客户群选址，黄金地段并不就是唯一的选择标准。

实 训

实训目的

1. 了解如何发现与选择项目。

2. 对创业项目选择的复杂性有所警醒。

实训一：项目选择成败分析

就本章开篇时的导入案例，分组讨论每个创业项目选择或成功或失败的原因。

实训二：SWOT、PEST 和波特五力分析

去周边市场观察创业机会，了解创业风险。进行头脑风暴，提出本团队的创业项目，并针对本团队选定的创业项目进行 SWOT、PEST 和波特五力分析，进行创业项目选择并提出对策建议。

实训三：创业实践分享

分享身边创业者的创业项目选择的实例。

第六章 创业组织融资

本章要点

1.融资需求的确定。

2.融资渠道简介。

3.融资渠道的选择。

4.融资技巧。

一、融资需求的确定

在创业组织开业经营之前,创业者需要确定公司启动所需要的资金。为了保证公司在启动阶段业务运转顺利,在公司业务经营达到收支平衡之前,创业者需要准备足够的资金以备支付各种费用。为了应对意外,创业者可以将每项实际费用多估算出一部分,从而将估算费用控制在安全范围之内。另外,创业者还应对预估融资额的合理性进行验证,并采取各种方式将预算减至最低。

(一)案例导入

下面以开办汽车美容店为案例,说明如何预测创业启动资金。

汽车美容是指对汽车进行外观与内装彻底的清洁与保护,例如汽车漆面处理、打蜡、改装、装饰、美化、保护等都属于汽车美容的领域。汽车美容店的初始投资可大可小,从几万元到几十万元不等。汽车美容店固定成本投入大、退出成本较高。测算开办一家汽车美容店所需资金时的考虑因素:

1. 定位目标市场是预算基础

开办一家汽车美容店的前提是创业者对该行业的深入了解,根据自身情况和当地的消费实力以及竞争情况确定市场定位,即主要面对的顾客群体的平均车价是多少。比如家庭成员结构,是高知人群还是暴发户等。有了市场定位,才可以计算投资规模,如店铺规模、装修、人员配置、产品线、服务内容等。

2. 选址影响创业预算

选址对开任何店的成败有很大的影响，也是创业资本预算时要考虑的重要因素。房租是开办汽车美容店总投资的重要组成部分，最多的时候它能占到总投资的50%。

一般来说，以下3种地方是开店比较理想的地址。

- 大型住宅区。车主把车开回家后就可以找到专业人士把爱车打扮一新。
- 加油站和汽修店附近。车主在加油和“大修”的时候，就是车跑了很长一段路的时候，自然也是给车保养的时候。
- 车流量比较大的公路附近。

初步选址后，需确定特定区域内符合开店标准的门面房最低租金。根据市场定位以及周边竞争环境，综合考虑开店规模之后，计算出半年的房租。

3. 环保也会构成预算的重要内容

汽车美容是特殊行业，必须在申请营业执照前由环保部门进行环境测评，这是进入汽车美容业最大的一道坎。建设该类店铺，环保工程与主体工程要同时设计、同时施工、同时投入使用，达到排污要求、隔油沉渣池也要合乎标准等。

4. 留出充足的人员预算

根据市场定位，确定人员数量及工资标准。准备好6个月的人员工资和福利，这也是投资的一部分。有了这些钱，即使再困难也能度过半年的存活期，不会有员工流失。

5. 考虑装修、设备等费用

开店所需的装修、设备、材料、物资等问题，均可根据市场定位来确定，没有市场定位测算出的资金额是没有实际意义的。创业者需要一个精通市场行情或者开过店的老行家指点迷津，在什么地方可以采购到质优价廉的商品。

6. 预留运营经费

一家店新开张，要做好3~6个月生意没有起色的准备，事先筹备好充足的运转费，例如进货款等。同时，店里可备好一定价值的汽车装潢材料，或代销供应商的装潢材料，这一笔费用可以省下。

(二)启动资金的基本构成要素

启动资金就是开办企业必须购买的物资和必要的其他开支。按照用途划分，启动资金可以分为固定资产投入和流动资金。

1. 固定资产投入

固定资产投入指企业所购置的价值较高、使用寿命较长的物资，包括场地费、设备购置费、开办费(如培训费、加盟费、技术转让费、装潢装修费等)。

在预算房租费用时，要根据当地市场行情，预计租期预算(如按季、按年等)。

房屋装修费用视其项目而定。例如，餐馆的装潢要按照当地卫生防疫部门的规定来装修，否则很难获得营业执照；直接对外经销产品的加盟店，其装修还要计算货柜橱窗的费用。

2. 流动资金

流动资金是保证企业日常运转所需要支出的资金，也称为运营资金。

流动资金包括产品或原材料、人员工资与福利、保险费、水电费、电话费、网络费、材料费、广告费、维修费、物业费、运输费、外包费、不可预见费(罚款、盗窃、丢失)等。如果有分期偿还的借款，各期偿还本息也要计算在内。

流动资金周转不灵会导致企业破产，因此要预测"流动资金持续投入期"，即没取得销售收入以前须投入多长时间的流动资金。为稳妥起见，创业初期应准备一段时间(如 3 个月或半年)的流动资金。

同样的创业项目，因为目标市场、经营地点、创业者对该项目的预期等的不同，所需启动资金亦不相同。

(三)判定启动资金规模的合理性

启动资金数额应合理，如果筹资过多，有可能造成资金闲置浪费，增加融资成本，甚至可能导致企业负债过多而无力偿还；而如果筹资不足，又会影响创业组织的投融资计划及业务的正常发展。因此，创业组织在进行融资决策时，要根据企业对资金的需求、企业自身的实际条件以及融资的难易程度和成本情况，量力而行来确定企业合理的融资规模。

创业者初步预估的启动资金数量是否合理还需多方验证，可以采用以下几种方法判定启动资金规模的合理性。

1. 向同行咨询

调查和了解类似经营领域企业创业初期的各项运营成本，是判定启动资金规模合理性较好的方法，创业者也可向行业商会咨询。

2. 询问供应商

在一般情况下，供应商愿意为创业者提供咨询和帮助，以图获得更多的业务机会。创业者可以向多家供应商咨询设备租赁、批发折扣、信用条件、启动库存量以及其他降低前期成本的选择,进行比较后可以判定启动资金的合理规模。

3. 网上咨询

很多创业网站提供专家咨询和类似创业项目介绍，还有一些创业者论坛、QQ群、微信群等互动交流平台,创业者可以通过这些渠道咨询启动资金的合理规模。另外,一些报纸、期刊、网站上与创业相关的文章和报道,也可以帮助创业者列出需要调查的费用清单,估算所需的启动成本。

4.请教专家

通过授课教师或培训机构联系相关有实践经验的专家进行咨询。

(四)减少启动资金数量的方法

在启动阶段,创业组织的资金获得渠道有限,因此创业者应采取各种办法降低成本。

1. 充分利用政府支持创业的政策

包括政府的创业贷款以及各种补贴政策等(详情参见第二章)。

2. 节省场地费用

经营场地费用往往在创业组织启动资金中占有较大比例,因此可以运用一些技巧降低该笔费用。例如,可以选择住宅或商住两用房作为办公或经营场地、与其他企业合租办公楼、入驻由政府补贴的孵化器、采用移动办公等。

3. 节省设备费用

创业者可以考虑通过网上竞拍、购买二手设备或二手办公家具、租赁、团购等方式降低成本。

4. 减少资金占用

在购进原材料或产品销售阶段，创业者应尽量减少对企业内部资金的占用,尽可能占用别人的钱实现“借鸡下蛋”。当上游企业(卖方)要求创业组织预付货款,创业者应尽力谈判以实现延期支付,从而减少资金周转的压力。对于下游企业或个人客户(买方),创业者应尽力谈判以达成预先付款,从而实现资金提前回笼。

二、创业融资渠道

在创业初期,创业者投入个人积蓄最为常见,向亲朋借钱是相对容易的筹资渠道,各地方政府提供的创业资金支持无疑是较好的低成本资金来源,此外还有天使投资、信用卡融资、网上融资等融资渠道。这些融资渠道有些适合启动阶段融资,有些则适合运营阶段融资,关键是组合运用各种融资方式,了解各种方式的特点和风险。

(一)个人积蓄

创业者在创业之初很难获得外界的资金支持，个人积蓄也就成为最为稳妥、最有保障的资金来源。个人积蓄使用起来快捷灵活,不会因为筹资耽误时间而延误投资时机,且资金成本低,不用担心资金周转过程中的还款压力。同时,以一部分个人积蓄投入创业组织，可以使创业者更容易获得外部投资者的信任,尤其在创业成功后更易于吸引外界资金投入。

创业者切忌倾家投入,要保留基本生活开支,以免创业失败影响家庭生活。

(二)政府的政策支持

参见第二章的内容,在政府网站进行信息查询,到政府部门进行咨询,请教培训教师获得具体信息。

(三)亲朋支持

除了个人积蓄和政府扶持资金外,另一个相对容易获得资金的来源就是亲朋投资。因为亲朋好友比陌生人更了解和支持创业者,如果创业者对自己的项目有信心,首先就要能够说服身边的人来进行投资。亲朋集资的优势在于资金成本较低,还款时间可以自行商议,有利于企业在经营中更好地把握资金周转节奏,获取最大收益。

创业者在向亲朋借钱之初应明确借入资金是“入股”还是“还本付息”、还款时间、还款方式等问题,并达成书面协议。

(四)天使投资

天使投资是天使投资人对具有专门技术或独特概念的原创项目或小型初创企业进行的前期投资。

1. 天使投资的特点

- 天使投资人的商业头脑和敏感性有助于其发掘有潜力的创业项目以及创业者,对创业组织的审查不很严格,更多是基于天使投资人的主观判断或者是由个人的好恶所决定。

- 天使投资人往往是企业家或某方面的成功人士,他们不但能给予创业者资金上的支持,也能提供联系网络、战略决策、管理咨询、人才推荐、公关宣传、产品试用等方面的支持，有助于提高公司声誉。

2. 创业者接触天使投资人的渠道

- 通过朋友、亲戚或社交圈介绍。
- 毛遂自荐，说服行业内的权威人士对创业项目进行投资。
- 天使投资者常常通过聚会交流投资心得、寻找投资项目和探索合作机会，创业者要随时关注，直接去参加并提交自己的商业计划书或做一些项目展示。
- 可以通过工商联商会、行业协会、投资公司等渠道搜集“天使”名单，逐一联系和推销创业项目。
- 创业者还可以通过聘请财务顾问、法律顾问、财经公关公司、金融咨询机构等中介的方式，获得联系“天使”的渠道。

案例 1

2008 年 7 月，重庆某大学传媒艺术系的大二学生张某和李某跟着老师搞暑期调研，他们发现重庆的很多品牌设计公司生意都不错，于是萌发了卖创意赚钱的想法。他们很快组建了创业团队，命名为“根号二”，开办工作室。他们就获得了重庆市政府小微企业发展的政策性资金支持 4 万元，其他为学生们每人的几百元投入。学校提供了免费的办公地点和部分办公设备，学生们暂没有工资。

案例 2

农大学生杨某的老师给了他一些甜玉米的种子，杨某在家乡试种后很成功，于是计划大面积种植。他在校期间成立了种业公司，公司的启动资金大半来自于国家玉米改良中心的捐赠。杨某把家乡的农户们组织起来，成立水果玉米种植合作社，走公司加农户的生产模式。

案例 3

农村姑娘张某在一家发廊打工，学成后自己开办了一家发廊，启动资金是向大姐借的 3000 元。积累了一定的资金后，她和朋友一起生产建筑行业使用的振动棒，产品很受欢迎。但是两年后合作伙伴带着全部资产离她而去。她想继续从事振动棒生产，苦于没有资金。她向家里求助，家里拿不出多少钱来，也不赞成她冒风险。于是她向老客户求助，合作办厂，对方出资金、双方利润分成。一年后，双方合作破裂，张某用自己赚的钱单独建厂生产。

(五)银行小微企业贷款

近年来,在国家政策支持和商业银行业务创新的推动下,国内逐渐涌现出诸如包头市商业银行、泰隆银行、民生银行等一批专注于小微企业的区域性或全国性银行,其微贷款技术已相对成熟,为创业组织提供了融资便利。创业者可以关注和咨询商业银行推出的一些小微贷款产品,及时满足融资需求。

案例 4

梁先生因扩大门店需要资金周转,向民生银行申请"商贷通"小微企业信贷。梁先生无任何房产能够提供抵押,且不愿意拿名下存款质押在银行,仅提供了与商城签订的 2 年租约及 3 个月的租金交付证明。经过 3 天的审批,银行给予借款人 30 万元、期限 6 个月的短期贷款,贷款利率为 5.346%。6 个月贷款利息总计 8 019 元,且借款人可随时提前还款,不收任何违约金和手续费,不限制还款次数。

(六)信用卡融资

信用卡由银行依照用户的信用度与收入水平发给持卡人,持卡人持信用卡消费时无须支付现金,待账单日时再进行还款。

部分商业银行适时推出了一些针对小微企业的信用卡种类。例如,杭州银行为满足符合条件的个体工商户、私营企业主及其他优质客户的短期资金需求,向他们发放名为"臻信卡"的个人信用卡。臻信卡只具备转账和取现功能,无消费功能,无免息期。该信用卡贷款额度可以达到 10 万至 100 万(本地户籍最高 100 万,非本地户籍最高 50 万),可以 100%取现,贷款期限长达 6 个月至 1 年,贷款用途可以用于各种经营贷款。

由于信用卡透支的免息期一般只有一个多月的时间,因此信用卡属于一种短期融资渠道,而且比较适合周期较短的循环资金周转。

创业者应了解不同银行、不同种类信用卡的适用条件和使用方法,注意信用卡使用过程中可能产生的费用,如年费、现金透支利息、逾期还款利息等。创业者应提前了解信用卡的融资额度、还款时间和利息成本,切忌不还钱或忘记还钱,影响自身信用记录,否则日后再想新开信用卡或获得银行贷款非常困难。创业者应尽量采取刷卡方式直接购买创业物资或直接消费,因为信用卡取现往往被收取较高利息。

案例 5

李先生从事食品半成品加工,原材料进货渠道和加工后的半成品销售渠道比较稳定,一个产销周期大约为 20 天,一个周期需要的运营资金大约为 5 万元。李先生在两家商业银行各办了一张透支额度为 5 万元的信用卡,免息期最长均为 50 天,在每次购进原材料时选择可享受免息期最长(距离记账日时间最长)的信用卡刷卡付款,售出半成品后再将信用卡借款还上。这样在产销正常运转的情况下,李先生每个产销周期所需的 5 万元资金就实现了零成本融资。

案例 6

张先生在广州某银行办有一张信用卡。2012 年 2 月,张先生用这张信用卡共消费了约 20 万元,还款日是 3 月 25 日,结果这天张先生刚好在外地出差忘记了还款。次日,张先生回广州还款,结果银行工作人员要求他交纳滞纳金569 元,还有 5269 元利息。张先生没想到滞纳金和利息会这么高,于是向银行工作人员咨询。银行方面的回应是,逾期未还款项无法享受免息期,这 5000 多元利息是按照从张先生刷卡当天开始计算,每日 0.5‰,累计复利;滞纳金标准为最低还款额未还部分的 5%。张先生因为自己的一时疏忽不仅支付了高额的利息和滞纳金,而且还产生了一次不良信用记录。

(七)网上融资平台

网上融资平台为资金需求方提供融资服务,资金需求方通过网上申请、评估、放贷与网下交易相结合的方式获取所需资金。网上融资平台的一切认证、记账、清算和交割等流程均通过网络完成,借贷双方足不出户即可实现借贷目的,而且一般额度都不高,无抵押,纯属信用借贷。与传统金融模式相比,网上融资平台的优势在于信息处理和风险评估通过网络化方式进行,交易成本低,且资金成本低。投资者可以通过网络、报刊、广告或熟人介绍等方式获得此类渠道信息。

各类网上融资平台的融资门槛和条件各不相同,创业者应通过各官网了解。例如,阿里金融的淘宝(天猫)订单贷款、淘宝(天猫)信用贷款和淘宝(天猫)聚划算专项贷款针对的融资主体都是淘宝(天猫)商户,阿里信用贷款也只为有一定操作记录的阿里巴巴会员企业提供融资贷款服务。再如,宜信公司 2012 年推出的“宜人贷”,为有资金需求的借款人和有理财需求的出借人搭建网络互动平台,借款人可以凭借身份证、银行工资卡流水(税后月薪需在 4000 元人民币以上)和银行信用报告获得最高50万元的贷款。

阿里巴巴金融是目前较为成熟的网上融资平台,其推出的一系列微贷产品均为纯信用贷款,不需要小微企业提交任何担保或抵押。而针对小微企业资金运用短平快的特点,这些微贷产品在设计上均支持以日计息,随借随还。图6-1是阿里金融业务模式。

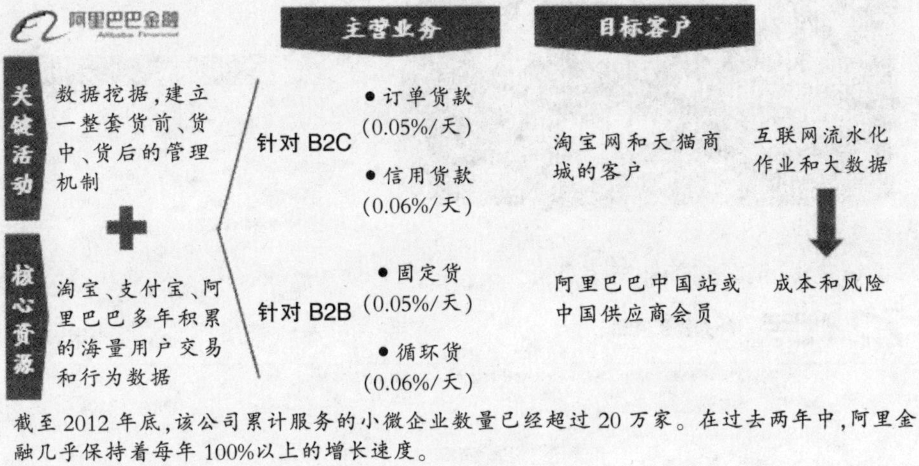

图6-1 阿里金融业务模式

资料来源:宏源证券。

以阿里信用贷款为例,贷款申请流程如下:

第一步,创业者登录“阿里金融-阿里贷款平台”官网,了解是否符合申请条件。

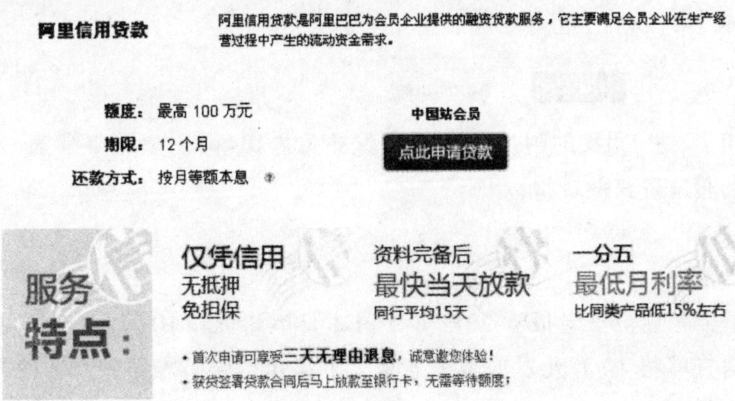

第二步，进行会员登录或注册。

第三步，填写完善补充信息。

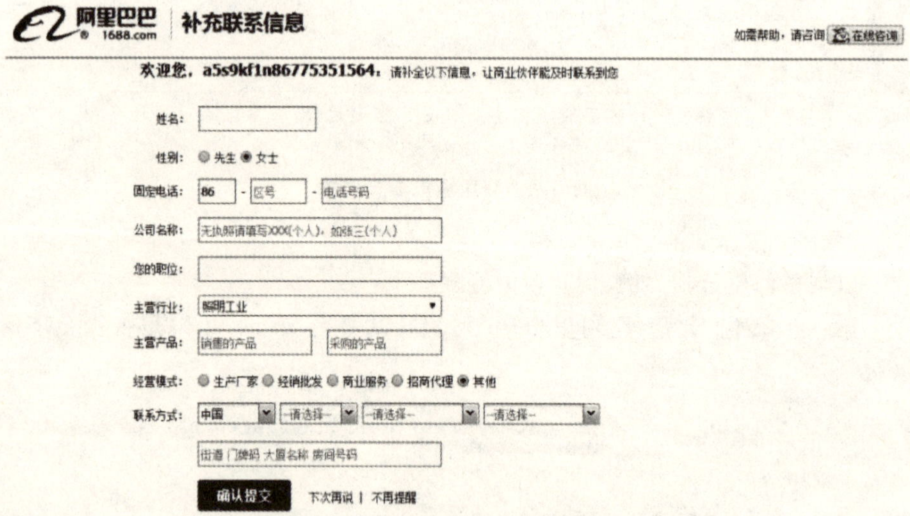

第四步，进入“我的阿里”，进行贷款相关操作(网上填写申请表→补充资料→审批通过后获得贷款)。

案例 7

阿里金融会员王老板于 2012 年 1 月 1 日申请贷款 10 万元，当日签署合同后阿里信贷就将 10 万元发放至王老板之前绑定的银行卡账户，分 12 期，每期归还本息约 9200 元，至 2012 年 12 月 31 日结清，利息支出累计约 10 000 元。

若王老板进行提前还款，则需收取提前归还本金部分3%的提前还款手续费。

除以上7种融资方式，创业者还可以根据项目运作和资金需求特点，选择典当、抵押贷款、供应链融资、风险投资等方式满足融资需求。

三、融资渠道的选择

不同融资渠道的融资额度、难易程度、融资成本、融资期限各不相同，如表6-1所示。

表6-1 创业融资渠道的比较

融资方式	融资数量	难易程度	融资成本	融资期限
个人积蓄	由个人财力基础决定	容易	很低	无融资期限
政府财政资金	由政府相关政策决定	较容易	很低或零成本	一般较短，由政策决定
亲朋集资	不确定	较容易	较低	较灵活
天使投资	由投资人偏好决定，与初创企业其他融资渠道相比可能较高	较容易	不确定	较灵活
信用卡融资	信用额度由借款人收入情况决定	较容易	逾期还款成本较高	免息期（消费日至还款日）
网上融资平台	由各种产品的上限(一般是几十万)决定	较容易	较高	较短
银行小微企业贷款	由各种产品的上限(一般是几十万)决定	较容易	较高	较短

四、创业组织融资技巧

(一)融资渠道与方式工具组合策略

很多情况下，融资渠道与方式需要组合使用，常见的组合方式有以下几种。

1. 不同期限的资金组合

期限长的资金用于项目投资，期限短的用于临时周转或短期投资。

2. 不同性质的资金组合

权益性资金用于项目投资,债权性资金用于临时周转或短期投资。

3. 成本组合

高成本的资金用于弥补临时性资金需求,低成本的资金用于置换高成本的资金或企业铺底流动资金。

(二)降低资金成本

1. 选择低成本融资渠道或产品

创业者应在可以获得的融资渠道中选择较低成本者进行融资。例如,如果产销周期特点适合信用卡融资,则要充分享受信用卡免息期待遇,而不用采取有利息成本的信用贷款。

另外,同一融资渠道也要“货比三家”选择成本较低的产品。以银行贷款为例,如果创业者贷款手续完备且不急于用钱,为了节省筹资本钱可以采用个人“询价招标”的方式,对各银行的贷款利率以及其他额外收费情况进行比较,从中选择本钱低的银行办理贷款。

2. 合理选择借款期限

一般而言,借款期限越长,利率越高。如果创业者资金使用需求的时间不是太长,应尽量选择短期借款。比如,原打算办理两年期贷款的,可以一年一贷,这样可以节省利息支出。

3. 提前还贷降低利息成本

如果创业过程中出现经营资金闲置,可以向贷款银行提出部分或全额提前还款申请,或者通过缩短贷款年限等方式节省利息成本。

小结

1. 创业者不能因为急需用钱而过多出让股权或其他权益。

2. 创业者应选择规模大、口碑好的网上融资平台,切忌借入网上“高利贷”或不慎进入钓鱼网站受骗。

实 训

实训目的

1. 熟悉不同的融资渠道。
2. 熟悉如何进行组合融资。

实训一:创业融资训练

针对本团队选择的创业项目:

1. 进行启动资金测算。
2. 计算融资成本。
3. 选择融资渠道。

实训二:判定融资合理性

上网查询相关信息、根据本章所学的基本理论判定资金规模的合理性;

分析可以获得的政府资金的数量;

试图说服自己、同组学员、班里其他学员提供启动资金。

实训三:结果分享

结果分享:为什么自己不愿意出资?为什么他人不愿意出资?如果有人愿意出资,对方提供的条件是什么?你如何回应对方提出的条件?由教师总结,大家分享。

结果分享由教师制定会议规则,大家按规则进行发言。

第七章 判定创业的可行性

本章要点

1.创业准备期间的风险。

2.商业模式画布。

3.商业计划书。

一、案例导入

案例 1

王某听说开洗衣厂很挣钱，于是经过一番市场调查和成本核算后开始创业，但很快面临骑虎难下的局面，分析原因主要如下：

当地水质太硬，不得不追加投资，加装软水设备。

进行成本预算时，没有意识到用电价格是工业用电，导致经营成本进一步增大。

因为洗衣污水污染环境，不仅被罚款，还要缴纳排污费；环保部门的人说，村里有人举报说你们洗衣厂排的污水污染了农民的水井，要罚款，还要交排污费。

以前承诺将洗衣业务交给王某的人，因为种种原因无法兑现承诺。

案例 2

农村大量建房子，砖的销路很好。李某承包了村里倒闭的砖瓦厂，但是很快就遇到困难。当年雨水多，砖瓦厂地处淮河泄洪区，因为泄洪导致生产了几个月的砖坯全部浸泡在水里。水退后，王某贷款继续生产，产品质量出了问题。原因一是烧砖的师傅技术不过关，二是河滩地的土质不适合烧砖。

另外一家砖厂的土质适合于生产砖,王某转而承包了这个砖厂。后来发现前一任承包者与当地农民的土地赔偿问题没有解决，王某陷入了法律纠纷中。在生产的关键时刻出现资金链断裂,银行拒绝贷款。

案例 3

小李有个朋友在广州火车站附近的服装城里做服装生意,店铺很小、租金很贵,但是生意兴隆。因为资金有限,小李租下天河区客运站附近的一个门面。该地每天平均有几万人的客流、到火车站交通便捷、租金便宜。小李经营服装,但是半年后不得不放弃。原因是客运站的大部分乘客是广州市内的上班族,而广州火车站附近已形成了一个大的服装批发商圈,这些批发商进完货还可赶上乘当天的火车返回。

案例 4

小侯因为喜欢汽车,开了一家汽车饰品店。尽管他店里的饰品很吸引眼球,无奈饰品店所处的位置比较偏,路过的车很多但仅仅是路过,而且大部分是大货车,根本不会在这样一个地段停车,也不会来买车内饰品。开业半年关张。

案例 5

王某从有了开店想法到盘下一家小服装店,只用了一个月的时间。半年后服装店因经营成本太高而倒闭。原因一是因为创业匆忙,所付出的店铺租金远远高于当时的市场价格;二是尚未找到进货渠道时就已经租下了店铺。后来几经周折、花费很大成本进行市场测试后才慢慢发现顾客的喜好。半年下来总计投入 10 余万元,盈利甚微,无法维持经营。

二、创业准备期间的风险

有了团队和创业项目,初步进行了融资设计后,创业者需仔细梳理创业思路方可开始创建创业组织。成功创业不仅是项目可行,还包括适当的商业模式、创业团队是否有能力运行该模式以及创业者是否进行了充分的心理准备。

创业成功的因素是共同的,但是创业失败的原因五花八门,并且很多情况是多种原因的综合。往往是一个错误引发了另一个错误,或者几个小错误同时出现,导致创业的失败。很多时候,失败的到来,也许是一些很不起眼的因素就能起到很关键的作用。

创业准备不足而导致创业失败大体有以下原因:

对创业没有充足的准备、仓促上阵、对风险和困难估计不足;

创业者缺乏吃苦精神、好高骛远、没有韧性;

创业者不具备创业所需的基本技能;

创业者性格存在明显缺陷,很难弥补;

团队成员的技能结构没有互补性;

团队组建匆忙,彼此之间缺乏磨合;

股权设置不具弹性,为未来发展留下隐患;

团队没有一个强有力的领导者;

产品很好,但是市场不需要;

产品目标市场太小或者完全错误;

店铺选址失误;

启动太匆忙,导致运营成本高;

轻信他人的承诺开始创业;

对所进入的行业不熟悉;

经营贪大求全、没有重点;

创业资金预测不准、资金准备不足;

没有核心的产品或服务;

入市时机错误,低估创业期所需时间;

缺乏法律意识。

三、商业模式画布及其应用①

(一)商业模式画布的绘制

商业模式描述了企业如何创造价值、传递价值和获取价值,它是企业维持生存的方式。商业模式思维的意义在于帮助创业者描述“客户”和“工作内容”,如何帮助客户完成他们所需的工作。产品、服务和技术即便相同,因为商业模式

① 本节资料来源:《商业模式新生代》官网:http://www.bizmodel.org

的不同，结局往往也会大相径庭。

商业模式画布是一种简洁、快速的描述商业模式的工具。制作迅速、内容紧凑、方便携带。创业者可将商业模式画在一页纸上便于和他人分享、讨论，不断修改与完善。通过商业模式画布的绘制，创业者会形成一套完整的商业模式，并保证模式中的所有元素都能够相互配合。商业模型画布可以帮助创业者对创业的可行性进行预测分析，也适用于新产品开发、老产品重新设计、重新定位产品和价值链调整等问题。

商业模式画布包括 9 个既相互独立，又有机相连的构造模块，用来描绘现有的商业模式或设计新的商业模式(参见图 7–1)。任何一个格子的内容发生改变，商业模式也会随之变化。由于每个人的视角、关注和基础不一样，向各个构造模块中添加的内容也不相同，于是就有了不同的商业模式。

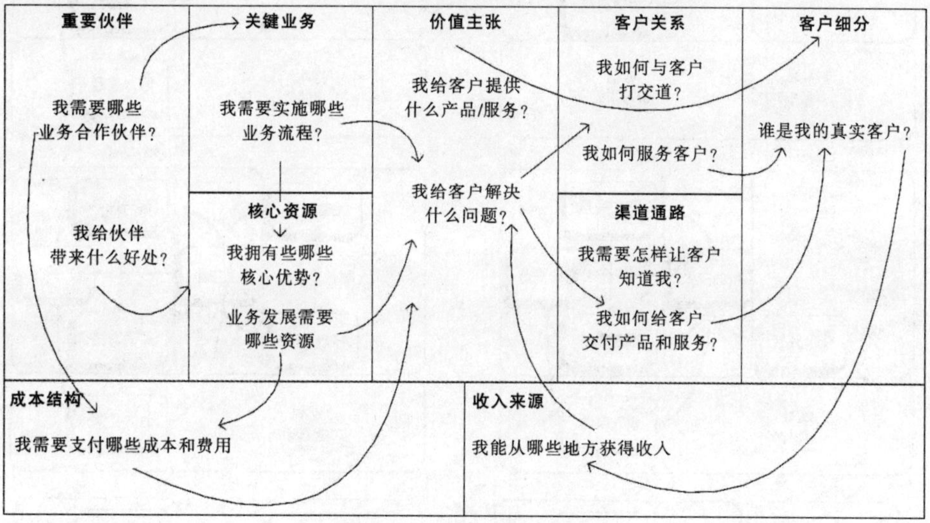

图 7–1 商业模式画布模板

图 7–2 是绘制商业模式画布的步骤，为客户细分—价值主张—渠道通路—客户关系—收入来源—核心资源—关键业务—重要伙伴—成本结构。

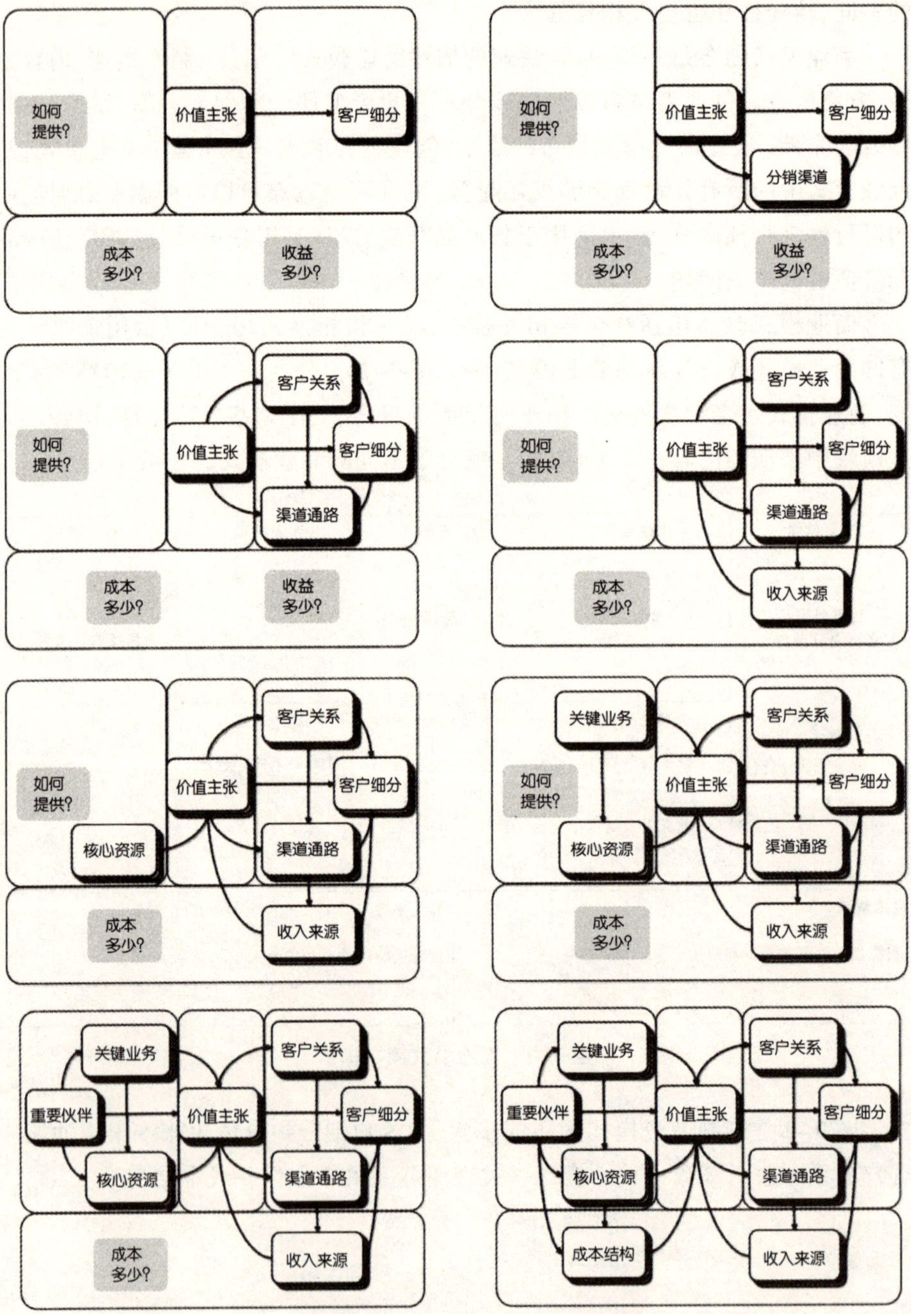

图 7-2　绘制商业模式画布的步骤

(二)商业模式画布的构造模块

商业模式画布的9个构造模块具体释义如下。

1. 价值主张

价值主张是为特定客户细分创造价值的系列产品和服务,可用新颖、性能、定制化、"把事情做好"、设计、品牌/身份地位、价格、成本削减、风险抑制、可达性、便利性、可用性等词语描述。创业者应该问自己这样两个问题:"客户请我完成什么工作?完成这些工作会给客户带来什么好处?"理解关键业务如何为客户带来价值服务非常重要,是描述商业模式的基础。

2. 客户细分

客户细分是创业组织想要接触和服务的人群和组织。谁是创业组织的真正客户?客户细分回答"为谁提供""谁是真正的客户"等问题。目标客户群体不仅包括那些付费享受某种利益的群体,还包括那些免费享受利益但必须通过其他人付费补贴的群体。

3. 渠道通路

渠道通路是怎样宣传自己的创业组织,如何交付产品或服务。该模块包含5个阶段的"营销过程"。这5个阶段可以通过以下几个问题进行描述。

- 潜在客户怎样才能知道你能帮助他们?
- 潜在客户怎样才能决定是否购买你的产品或服务?
- 潜在客户怎样实现购买?
- 你怎样交付客户购买的产品或服务?
- 你怎样保证满意的售后?

渠道通路模块还包括怎样让潜在客户发现你和你的价值服务。例如,他们是通过口碑、网站博客、文章讲座、销售拜访、邮件论坛还是广告宣传了解你的?

4. 客户关系

客户关系是指怎样和对方打交道。例如,是面对面的直接沟通还是邮件书信之类的间接联系?与客户的关系是可持续的还是一次性的?关注的目标是扩大客户数量(拓展)还是满足现有客户的需求(维持)?你的工作会给哪些更大的群体带来好处。这些群体可能是几个社区或几座城市,也可能是通过共同的商业、职业或社会纽带联系在一起的人群。

5. 收入来源

收入来源是从每个客户群体获取的现金收入(需要从创收中扣除成本)。获取收入的方式有资产销售、使用收费、订阅收费、租赁收费、授权收费、经纪收费、广告收费等。此外,收入还包括那些软收益,如满足感、成就感和社会贡献等。

6. 核心资源

核心资源决定了价值主张,是让商业模式运转所必需的最重要因素。创业组织的核心资源有实体资产、知识资产、人力资源和金融资产等,创业者的兴趣、技能也是其宝贵的资源。技能包括能力与技术,能力是创业者与生俱来的天赋,例如对机会的敏感、较强的人际沟通能力、富于冒险精神等;技术是指后天习得的能力,通过大量实践和学习熟能生巧获得。个性是创业者内在个人特征的因素,可用情商高、勤奋刻苦、性格开朗、遇事冷静、镇定自若、深思熟虑、精力充沛、关注细节等形容。除了兴趣、技能、个性外,创业者的核心资源还包括价值观、智力水平、幽默感、教育程度、人生目的等。

7. 关键业务

关键业务是为了确保商业模式可行,创业组织必须要做的重要的事情。

8. 重要伙伴

重要合作伙伴是让商业模式运转所需的供应商和合作伙伴的网络,是那些支持你的工作、帮助你顺利完成任务的人。他们能为你提供行为动机、良好建议和成长机会;能为你提供完成某些任务所需的其他资源。重要合作伙伴包括工作中的同事和导师、职业圈内的成员、家人朋友和专业顾问。

合作的动机:商业模式的优化和规模经纪的运用,风险和不确定性的降低,特定资源和业务的获取。

合作的类型:非竞争者之间的战略联盟关系,竞合(在竞争者之间的合作关系),为开发新业务而构建的合作关系,为确保可靠供应的购买方——供应商关系。

9. 成本结构

成本结构是运营一个商业模式所引发的所有成本,是创业者的付出,包括时间、精力和金钱。成本也包括实施关键业务或重要合作导致的压力感和失落感,这些计为"软"成本。

四、思维导图

思维导图是表达发射性思维的有效的图形思维工具,它运用图文并茂的技

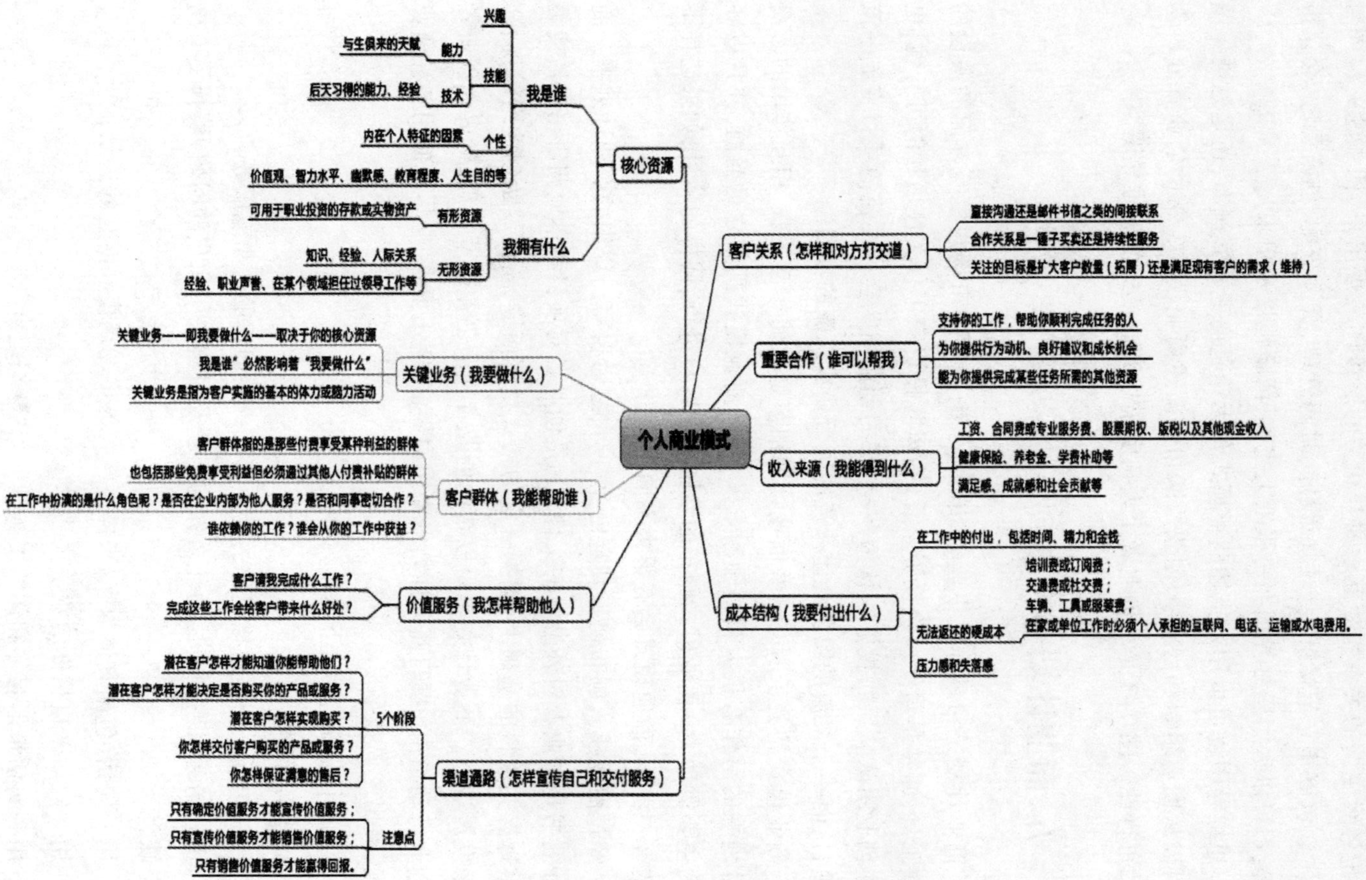

图 7–3　创业者个人商业模式思维导图

巧,把各级主题的关系用相互隶属与相关的层级图表现出来,把主题关键词与图像、颜色等建立记忆链接。目标设定、时间管理、资源分配、创新思考、会议报告等,都可以运用思维导图在一张纸上完整、清晰地展示出来。

思维导图也可以用来描述商业模式。无论是商业模式画布,还是思维导图均可以从创业组织和创业者/创业团队角度描述商业模式, 帮助创业者分析创业的可行性。图 7-3 是从创业者个人角度描述商业模式的思维导图。

五、商业计划书

商业计划是帮助你收集业务、销售、营销、顾客、市场规模等方面的假设的有效工具,通常是写给风险投资家看的;风险投资家不仅关注项目的可行性,更关注创业团队。风险投资家认为“一个好的创业团队会让二流的项目变成一流的项目;而一个二流的团队会让一流的项目变成二流的项目”。

商业模式是关于所有这些商业计划细节是如何相互关联、相互作用的。商业计划书的写作有很大篇幅预测未来,但是商业模式画布立足当前,并且以客户为主要驱动力。商业模式画布的绘制围绕客户进行,同样的项目,如果选择不同的客户群体,商业模式会有很大不同。

经过商业模式画布初步判定创业可行,之后要写出详细的商业计划书。商业计划书是创业者对外融资的文件。它是创业者对项目科学地调研、分析、搜集与整理有关资料的基础上,根据一定的格式撰写而成,全面展示创业组织现状、未来发展潜力。商业计划书可以帮助创业者理清创业的基本思路,成为创业者的创业行动指南。撰写商业计划书要用词简洁、突出要点,应尽量使用各种商业图表,突出主要数字。

商业计划书包括以下基本内容。

1. 项目简介

用一句话来清晰地描述你的商业模式——即你的产品或服务;

用一句话来明确表述为什么你的创新及时解决了用户的问题,填补了市场的空缺;

用一句话(包括具体数字)来描述巨大的市场规模和潜在的远景;

用一句话来概括你的竞争优势;

用一句话来形容你和你的团队是一个“梦幻组合”;

用一句话(包括具体数字和时间)来概述你将如何在最短的时间内让投资人有利可图;

用一句话来陈述希望融资数量、资金用途。

2. 产品/服务

创业组织需要一个清晰、可信、明确、精准、看得见摸得着的收入模式。投资者关心创业组织的第一桶金是怎么来的、从什么地方来、什么时候来的。

3. 市场

市场可以从3个方面看:宏观的、微观的以及企业如何开发自己的市场。

宏观的市场:重要的是与你的产品直接相关的市场数据,即你的微观市场、你力所能及的市场,这些数据越详细越好。

然后,说明如何来行之有效地做市场。

4. 竞争对手

说明自己如何比竞争对手做得更好。

5. 公司的组织架构

公司的架构关系到股东利益是如何体现的?公司是如何运转的,有哪些部门,创业团队是否分工明确、各就各位。

对团队成员进行详细介绍。

6. 里程碑

例如,什么时候公司的产品能够顺利通过各种测试推向市场?什么时候公司账上开始有收入?什么时候公司达到盈亏持平?

7. 财务计划

至少做3年的财务计划,最好做5年,把重点放在第一年。

8. 股权结构、融资数量及资金用途

创业团队出资多少?以什么形式出资?需要融资多少?准备出让多少股份?

小结

1. 只有确定价值服务才能宣传价值服务。
2. 只有宣传价值服务才能销售价值服务。
3. 只有销售价值服务才能赢得回报。

实 训

实训目的

1. 学会运用商业模式画布快速判定创业可能性。
2. 训练思维导图的使用。
3. 学会撰写商业计划书。

实训一:绘制商业模式画布

针对本团队的创业项目绘制商业模式画布,然后通过改变价值主张、客户细分等内容,形成不同的商业模式。

实训二:绘制思维导图

参考图 7–3,针对本团队的创业项目绘制思维导图。

实训三:撰写商业计划书

基于商业模式画布,将本创业团队的商业项目转化为思维导图,并撰写商业计划书。

比较 3 种工具的优缺点,分析 3 种工具之间的关联性。

第八章 创业组织的选择与设立

本章要点

1. 创业组织的类型。
2. 创业组织的比较。
3. 创业组织的形式选择。
4. 创业组织应缴纳的税、费。
5. 开设创业组织。

一、创业组织的类型

在现代法治理念的市场经济环境下，任何一个经营实体的存在及运行，均须采取某种特定的且合法的组织形式。创业的组织形式是指创业者存在的法律意义上的主体身份与人格形态，也称组织形态或法律形态。不同的创业组织形式，决定着创业者获准进入市场和运营管理的难易程度的不同和可能承担的法定责任即投资风险等的不同。

(一)常见的创业组织形式

作为自然人创业，可以采取的组织形式参见表8-1。

表 8-1 创业组织的分类

类型	基本形态	具体形态/法定名称	法律地位	法律依据
个体	个人或家庭	个体工商户	视同自然人	《个体工商户条例》
企业	独资	个人独资企业	非法人	《个人独资企业法》
	合伙	普通合伙企业	非法人	《合伙企业法》
		有限合伙企业		
	公司	有限责任公司	法人	《公司法》
		一人有限责任公司		
合作	合作组织	农民专业合作社	法人	《农民专业合作社法》

(二)创业组织形式的界定

1. 个体工商户

个体工商户是指有经营能力,依法经工商行政管理部门登记,以个人或者家庭名义从事工商业经营活动的公民。个体工商户即个体商人,在法律上视同自然人,投资人对以其个人或家庭财产依法承担全部经营后果。

2. 个人独资企业

个人独资企业是由一个自然人投资,财产为投资人个人所有,投资人以其个人财产对企业债务承担无限责任的经营实体。个人独资企业不具有法人资格,虽然可以起字号,并可以对外以企业名义从事民事活动,但也只是自然人进行商业活动的一种特殊形态,属于自然人企业范畴。

3. 合伙企业

合伙企业是指两个以上合伙人为共同目的,按照合伙协议共同投资、共同经营、共享权益、共担风险的非法人型企业,包括普通合伙企业和有限合伙企业。

普通合伙企业指依法由两个以上普通合伙人组成,合伙人以其个人或家庭共有财产对合伙企业债务承担无限连带责任的经营实体。

有限合伙企业指依法由普通合伙人和有限合伙人组成,普通合伙人以其个人财产对合伙企业债务承担无限连带责任,有限合伙人以其认缴的出资额为限对合伙企业债务承担责任的经营实体。

4. 公司

公司是指依由符合法定数目的投资人(股东)设立的,股东以其法定财产为限对公司承担责任,公司以其全部财产对其债务承担责任的法人企业。公司包括有限责任公司和股份有限公司两种基本形式, 自然人创业常用形式为前者,可以为一般有限责任公司,也可以为一人有限责任公司。

一般有限责任公司指是指依法由 2 个以上 50 个以下股东所组成的, 股东以其认缴的出资额对公司承担责任,公司以其全部财产对公司的债务承担责任的企业法人。

一人有限责任公司指是指依法设立的只有一个自然人股东或者一个法人股东的有限责任公司。

5. 农民专业合作社

农民专业合作社是指依法经登记的,在农村家庭承包经营基础上,同类农产品的生产经营者或者同类农业生产经营服务的提供者、利用者,自愿联合、民主管理的互助性经济组织。农民专业合作社以其成员为主要服务对象，提供农业生产资料的购买，农产品的销售、加工、运输、贮藏以及与农业生产经营有关的技术、信息等服务。

二、创业组织形式比较

(一)设立条件比较

设立条件参见表 8-2A 和表 8-2B。

表 8-2A 创业组织设立条件

组织形式	投资人	出资	名称	场所
个体工商户	个人或家庭	无须申报出资	可有名称或字（商）号；名称须由区域、字号、行业、形式等要素依次组成。其中形式可以选用“厂”“店”“馆”“所”“行”“中心”“厅”“堂”“吧”“坊”“工作室”等	可无固定门面可摆摊经营
个人独资企业	一个自然人	以个人财产或家庭共有财产申报出资，无法定最低限	须有与其营业及责任形式相符的企业名称名称，要素同上；名称中禁用“有限”“有限责任”“公司”字样	主要办事机构所在地为住所
普通合伙企业	2 个以上合伙人，可为自然人、法人或其他组织	通过合伙协议约定各合伙人的认缴出资额、出资方式（可用货币、实物、知识产权、土地使用权或者其他财产权利出资，含劳务）与期限	须有名称，要素同上，并应标明“普通合伙”字样	需要有固定的经营场所
有限合伙企业	2~50 人，其中普通合伙人至少一个	同上，但有限合伙人不得用劳务出资	须有名称，要素同上，并应标明“普通合伙”字样	同上
有限责任公司	2~50 个股东，可为自然人、法人或其他组织	通过公司章程约定各股东的认缴出资额、出资方式（可用货币出资，也可以实物、知识产权、土地使用权等可以用货币估价并可以依法转让的非货币财产作价出资，不得以劳务、信用、自然人姓名、商誉、特许经营权或者设定担保的财产等作价出资）与期限，出资总额须注册	须有名称，由区域、字（商）号、行业、组织形式四项要素依次构成。须在名称中标明“有限责任公司”或者“有限公司”字样	同上

续表

组织形式	投资人	出资	名称	场所
一人有限责任公司	1个自然人或1个法人	通过公司章程约定股东的认缴出资额、出资方式（同上）与期限，出资额须注册	须有名称，由区域、字（商）号、行业、组织形式四项要素依次构成。在公司登记中注明自然人独资或者法人独资并在公司营业执照中载明	同上
农民专业合作社	5个以上成员，其中以农民为主体（至少应占80%）	由章程约定成员的出资方式（同上）、出资额	含有“专业合作社”字样	同上

表 8-2B　创业组织设立条件

组织形式	设立条件	组织章程/协议
个体工商户	申请人应当提交登记申请书、身份证明和经营场所证明。登记事项包括经营者姓名和住所、组成形式、经营范围、经营场所。个体工商户使用名称的，名称作为登记事项	无要求
个人独资企业	投资人为一个自然人；有合法的企业名称；有投资人申报的出资；有固定的生产经营场所和必要的生产经营条件；有必要的从业人员	无要求
合伙企业	有两个以上合伙人，并且都是依法承担无限责任者；有书面合伙协议；有各合伙人实际缴付的出资；有合伙企业的名称；有经营场所和从事合伙经营的必要条件	合伙企业的名称和主要经营场所的地点；合伙目的和合伙企业的经营范围；合伙人的姓名及其住所；合伙人出资的方式、数额和缴付出资的期限；利润分配和亏损分担办法；合伙企业事务的执行；入伙与退伙；合伙企业的解散与清算；违约责任。合伙协议可以载明合伙企业的经营期限和合伙人争议的解决方式
有限责任公司	股东符合法定人数；股东出资达到法定资本最低限额；股东共同制定公司章程；有公司名称，建立符合要求的组织机构；有公司住所	公司名称和住所；公司经营范围；公司注册资本；股东的姓名或者名称；股东的权利和义务；股东的出资方式和出资额；股东转让出资的条件；公司的机构及其产生办法、职权、议事规则；公司的法定代表人；公司的解散事由与清算办法；股东认为需要规定的其他事项
一人有限责任公司	同上	由股东制定
农民专业合作社	有5名以上符合规定的成员；有符合规定的章程；有符合规定的组织机构；有符合法律、行政法规规定的名称和章程确定的住所；有符合章程规定的成员出资	名称和住所；业务范围；成员资格及入社、退社和除名；成员的权利和义务；组织机构及其产生办法、职权、任期、议事规则；成员的出资方式、出资额；财务管理和盈余分配、亏损处理

(二)经营管理比较

表 8-3 是不同创业组织形式经营管理相关问题的比较。

表 8-3 创业组织形式的经营管理比较

组织形式	组织机构	执业方式	决策规则	财产归属/收益分配
个体工商户	无要求	可以个人经营,也可以家庭经营	自主	由经营者个人所有或其家庭共有
个人独资企业	无要求	可以自己管理,也可委托或聘用他人管理	自主	由投资人个人所有或其家庭共有
普通合伙企业	无要求	合伙人平等执行合伙事务,或委托一至数个合伙人执行	除合伙协议另有约定外,实行一人一票表决制	由合伙人"共同共有",按约定或法定的比例分配收益
有限合伙企业	无要求	普通合伙人执行合伙事务,有限合伙人不执行合伙事务	同上	合伙协议可以约定将全部利润分配给部分合伙人
有限责任公司	设股东会、董事会(或 1 名执行董事)、监事会(或 1~2 名监事),可以设经理	由董事长、执行董事或经理代表公司执行业务	除章程另有约定外,股东按出资比例行使表决权	除章程另有约定外,股东按出资比例分配利润
一人有限责任公司	设董事会或 1 名执行董事、监事会或 1~2 名监事,可以设经理	由董事长、执行董事或经理对外代表公司执行业务	股东一人决策并做书面记载	归唯一股东所有
农民专业合作社	设社员大会、理事会、监事或者监事会	由理事长作为本社的法定代表人,可由其聘任经理执行本社业务	成员大会选举和表决,实行一人一票制,成员各享有一票的基本表决权	可分配盈余按项规定返还后的剩余部分,按比例分配给本社成员

(三)责任形式/法定风险比较

下表为不同类型的创业组织的责任形式与法定风险的比较。

表 8-4 创业组织的责任形式与法定风险

组织形式	责任形式	负责对象	担责财产	持续清偿责任
个体工商户	无限	经营债务	个人/家庭财产	有
个人独资企业	无限①	企业债务	个人或家庭共有财产	有
普通合伙企业	无限连带②	企业债务	合伙人个人财产	有,且连带

① 无限责任是指投资人应对企业债务负责,且不以其出资额为限,也不以企业财产为限,也不以企业终止为限。投资人应以其企业之外的其他个人财产或家庭共有财产对企业债务负责(即无"量"限);企业解散后,其解散时未能清偿的债务,投资人仍应承担持续清偿责任(即无"时"限)。

② 无限连带责任是指合伙人应对合伙企业债务负无限责任,且不以约定或法定的责任份额为限,合伙人之间应就其债务份额对债权人相互担责(即无"份"限)。

续表

组织形式	责任形式	负责对象	担责财产	持续清偿责任
有限合伙企业	普通合伙人无限连带；有限合伙人有限	企业债务	普通合伙人以其个人财产；有限合伙人以其认缴的出资额	普通合伙人有，且连带
有限责任公司	有限(股东滥权除外)	公司	认缴的出资额	无
一人有限责任公司	有限(财产混同除外)	公司	认缴的出资额	无
农民专业合作社	有限	合作社	账户内记载的出资额和公积金份额	无

三、创业组织形式选择

不同创业组织形式在是否具有法人资格、投资者承担有限责任还是无限连带责任、是否缴纳企业所得税等方面有很大不同。在选择创业组织形式时，需考虑个人资产是否负连带责任、有无场地要求、经营成本及便利程度、税负、组织形象、有无规模局限性、是否适合长远发展等。

(一)个人独资企业与个体工商户的比较

1.相同点

第一，两者的投资主体基本相同。两者的投资主体只能是自然人(公民)，而不能是法人或其他组织。

第二，个人独资企业与个体工商户对投入的资产都实行申报制，不需要经过法定的验资机构验资。

第三，两者承担法律责任的形式相同，都必须以个人或家庭财产承担无限责任，但是承担责任的财产范围不同。个人独资企业的出资人在一般情况下仅以其个人财产对企业债务承担无限责任，只是在企业设立登记时明确以家庭共有财产作为个人出资的才依法以家庭共有财产对企业债务承担无限责任；个体工商户的债务如属个人经营的，以个人财产承担，家庭经营的，则以家庭财产承担。

第四，作为一种经济组织，个人独资企业与个体工商户均须有必要的资金、场所、从业人员及生产经营条件。这也是个体工商户与个人独资企业作为市场主体进入市场的必要条件。

第五，个人独资企业与个体工商户在商标使用主体及广告宣传策略等方面也具有很多的相同点。

2.不同点

第一，个人独资企业必须要有固定的生产经营场所和合法的企业名称，而个体工商户可以不起字号名称，也可以没有固定的生产经营场所而流动经营。

第二，个体工商户的投资者与经营者是同一人，都必须是投资设立个体工商户的自然人。而个人独资企业的投资者与经营者可以是不同的人。

第三，个人独资企业与个体工商户的法律地位不尽相同。个人独资企业能以企业自身的名义进行法律活动，个体工商户是以公民个人名义进行法律活动的。

第四，个人独资企业与个体工商户在财务制度要求也不尽相同。个人独资企业必须建立财务制度，以进行会计核算。而个体工商户情况复杂，按照执法情况看，可以按照税务机关的要求建立账簿，如税务部门不作要求的，也可以不进行会计核算。

(二)个人独资企业与一人有限公司的比较

相同点都是只有一个投资人。不同点在于：

1.投资主体不同

一人有限责任公司投资主体可以是自然人，也可以是法人；而个人独资企业的投资主体只有一个人，就是自然人。责任由自己独资承担。

2.法律形式不同

一人有限责任公司属于法定民事主体，具有法人资格，个人独资企业不具有。

3.设立条件不同

一人有限责任公司对股东出资方式要严格限制，并须将股东认缴的资本注册；而个人独资企业对出资未做出任何强制规定。

4.税收缴纳规定不同

一人有限责任公司需要缴纳企业所得税，个人独资企业缴纳个人所得税。

5.投资者承担责任不同

公司的资产属于本公司，股东在出资后只享有股权，而非财产权。公司因为有独立的资产，在法律上就是独立的人，法人可以独立承担民事责任。一人有限责任公司的股东不能证明公司财产独立于股东自己的财产的，应当对公司债务承担连带责任。个人独资企业的财产与投资人是分不开的，因此企业没有独立的财产，不能独立承担民事责任，所以不具有法律上的人格。企业的责任最终还是要靠投资人承担,所以投资人负无限责任。

6.财务核算要求不同

一人有限公司应当在每年年度终了时编制财务会计报告,并由会计师事务所审计。个人独资企业则只需依法设置会计账簿来进行会计核算,无须经会计事务所审计。

四、创业组织的税、费

(一)创业组织所涉及的主要税、费

1.个人所得税

个体工商户、个人独资企业和合伙企业征收个人所得税,不征收企业所得税。

根据《中华人民共和国个人所得税法》(2011)的规定,个体工商户的生产、经营所得和对企事业单位的承包经营、承租经营所得,适用5%~35%的超额累进税率(表8-5)。

表8-5 个人所得税全年应纳税所得额与税率

级数	全年应纳税所得额①	税率(%)
1	不超过15 000元的	5
2	超过15 000元至30 000元的部分	10
3	超过30 000元至60 000元的部分	20
4	超过60 000元至100 000元的部分	30
5	超过100 000元的部分	35

财政部 国家税务总局关于印发《关于个人独资企业和合伙企业投资者征收个人所得税的规定》(财税[2000]91号)的规定,个人独资企业以投资者为纳税义务人,合伙企业以每一个合伙人为纳税义务人。个人独资企业和合伙企业每一纳税年度的收入总额减除成本,费用以及损失后的余额,作为投资者个人的生产经营所得,比照个人所得税法的"个体工商户的生产经营所得"应税项目,适用5%~35%的五级超额累进税率,计算征收个人所得税。

2.企业所得税

企业所得税是针对企业利润征收的一种税,基本税率是25%。符合条件的小微企业,减按20%的税率征收企业所得税。

① 全年应纳税所得额是指以每一纳税年度的收入总额减除成本、费用以及损失后的余额。

公司需缴纳企业所得税，个人独资企业、合伙企业不需缴纳企业所得税。

3.增值税

增值税是对销售货物、提供劳务过程中增加的价值和进口货物的价值征收的。增值税的纳税人包括一般纳税人和小规模纳税人。一般纳税人的应纳税额为销项税额减去进项税额；小规模纳税人的应纳税额为销售额的3%。月销售额在3万以下，将免征增值税。

4.营业税

营业税是对规定的营利事业和经营行为征收的一个税种。营业税一共设有9个税目，一律采用比例税率。其中交通运输业、建筑业、邮电通讯业、文化体育业为3%；金融保险业、服务业、转让无形资产、销售不动产为5%；娱乐业为5%~20%。

部分现代服务业和交通运输业正在进行营业税改为增值税的改革。

5.印花税

印花税是对经济交往中书立、使用、领受具有法律效力的凭证的单位和个人征收的一种税，这些凭证包括账簿、权利、许可证照、购销合同等，都要征收印花税。

6.城市维护建设税

城市维护建设税是对从事工商经营，缴纳消费税、增值税、营业税的单位和个人征收的一种税。是国家为加强城市维护建设、扩大城市维护建设资金来源而征收的一种附加税。

7.教育费附加

教育费附加是对缴纳增值税、消费税、营业税的单位和个人征收的一种附加费。

案例1

例如，在某电脑城租柜台经营数码产品的个体工商户，所需缴纳的税费：

1.如果按照查账征收(需要建账)

(1)主税：按收入交3%的增值税(交国税)。

(2)附加税费(交地税)。

- 城建税按缴纳的增值税的7%(县镇为5%、乡为1%)缴纳。
- 教育费附加按缴纳增值税的3%缴纳。
- 地方教育费附加按缴纳增值税的1%缴纳。

2.按经营所得缴纳个人所得税(交地税)

如果按照核定征收:

税务部门对个体工商户一般实行定期定额办法执行,按区域、地段、面积、设备等核定一个月应缴纳税款的额度。

如果月销售额在3万元以下,免征增值税,城市建设维护税、教育附加费也随着免除。

(二)管理体系

在税收管理上,对个体工商户和个人独资企业的税收管理相对宽松,对建账要求较低,不要求会计报表,也不要求有规范的会计账。但为加强内部管理,个体户应该有简单易行的会计制度,规定支付程序、财务权限、相关表单模板等,这样便于管理和决策。

在税款征收方式上,一般是税务机关根据其所在位置、规模、经营项目、销售商品等确定纳税额。市场摊点经营要到市场管理办公室办理有关登记手续。定期交纳管理费或由驻市场管理办公室的工商税务人员核定一定数额的税费。

有固定的场所、单独开业,以个人名义经营要办理个体工商户登记和税务登记手续,如有必要还可领取发票。

对于一人有限责任公司和一般有限责任公司,要求则严格得多,需要建账、在税款征收方式上主要采用定率或查账征收。根据《中华人民共和国会计法》(2000)的规定,公司必须依法设置会计账簿,根据实际发生的经济业务事项进行会计核算,填制会计凭证,登记会计账簿,编制财务会计报告。会计凭证包括原始凭证和记账凭证。会计账簿登记,必须以经过审核的会计凭证为依据。会计账簿包括总账、明细账、日记账和其他辅助性账簿。财务会计报告由会计报表、会计报表附注和财务情况说明书组成。

(三)对创业组织的财务制度要求

表8-6是对不同创业组织形式的财务制度规定与所得税情况。

表8-6 创业组织的财会制度规定与所得税

组织形式	财务、会计制度	所得税
个体工商户	无明确要求	个人所得税
个人独资企业	依法设置会计账簿,进行会计核算	个人所得税
合伙企业	合伙企业应当依照法律、行政法规的规定建立企业财务、会计制度	个人所得税
有限责任公司	依照法律、行政法规和国务院财政部门的规定建立本公司的财务、会计制度。公司应当在每一会计年度终了时编制财务会计报告,并依法经会计师事务所审计	企业所得税

续表

组织形式	财务、会计制度	所得税
一人有限责任公司	同上	企业所得税
农民专业合作社	合作社应设置会计账簿，配备必要的会计人员。不具备条件的，也委托农村经营管理机构或代理记账机构代理记账、核算	享受各种税收减免政策

五、设立创业组织

下面以设立有限责任公司和个体工商户为例说明。表 8–7 为有限责任公司开办步骤；表 8–8 为个体工商户开设流程。

表 8–7　有限责任公司开办流程

工作内容	所需文件	办理机构	结果	备注
名称查询	预先设定的名称		可以使用的名称	工商局网站自行查询
名称预核准	1.全体投资人签署的《企业名称预先核准申请书》 2.全体投资人签署的《指定代表或者共同委托代理人的证明》 3. 指定代表或者共同委托代理人的身份证复印件 4. 全体投资人的主体资格证明或者自然人身份证件复印件	工商局	企业名称预先核准通知书	
前置审批	在网上查询《企业登记前置许可项目目录》等相关规定，按规定办理	相关部门审批	前置审批文件	无需前置审批的企业，则直接办理下一步
办理工商营业执照	1.公司法定代表人签署的《公司设立登记申请书》 2.全体股东签署的《指定代表或者共同委托代理人的证明》及指定代表或委托代理人的身份证件复印件 3.全体股东签署的《公司章程》 4. 股东的主体资格证明或者自然人身份证件复印件 5.股东首次出资是非货币财产的，提交已办理财产权转移手续的证明文件 6.董事、监事和经理的任职文件及身份证件复印件 7. 法定代表人任职文件及身份证件复印件 8.住所使用证明 9.《企业名称预先核准通知书》 10.如需前置审批的项目，需提交前置审批文件	工商局	营业执照，包括公司的名称、住所、注册资本、实收资本、经营范围、法定代表人姓名等事项	自有房产，需提交产权证复印件；租赁房屋，需提交租赁协议原件及出租方的产权证复印件或能够证明产权归属的房屋产权使用证明复印件；住所或营业场所是住宅用房的，需提交住宅所在小区物业同意将住宅用房改做商业用途的证明

续表

工作内容	所需文件	办理机构	结果	备注
刻章	1.营业执照副本原件及复印件 2.法定代表人身份证原件、复印件 3.经办人身份证复印件 4.法人授权委托书 5.刻章申请书	公安局备案的刻章机构	公司行政章;财务章	
办理组织机构代码证	1.营业执照副本原件及复印件 2.法定代表人(负责人)及经办人的身份证原件、复印件 3.《办理组织机构代码证申请表》第1项和第16项加盖单位公章	质量技术监督局	组织机构代码	
办理税务登记证	1.《税务登记表》2份 2.营业执照副本原件及复印件 3.组织机构代码证原件及复印件 4.注册地址及生产、经营地址证明(产权证、租赁协议)原件及其复印件 5.公司章程复印件 6.法定代表人(负责人)的身份证、护照或其他证明身份的合法证件复印件	税务局	税务登记证	1.根据经营项目确定是在地税局办理税务登记,还是在国税、地税同时办理 2.取得营业执照后30天内,必须进行税务登记,在申请税务登记证后当月应该申报纳税
临时户转为基本户,用来提现和转账。	1.营业执照正、副本原件及复印件 2.组织机构代码证正、副本原件及复印件 3.税务登记证正、副本原件及复印件 4.机构信用代码证 5. 企业法定代表人身份证原件及复印件 6.经办人身份证原件及复印件 7.单位行政公章、法人章	商业银行	基本户	1. 临时户转为基本户前,要先在银行办理机构信用代码证 2.在不同银行开设若干一般户,方便客户转账和资金往来需要。一般户不能提现,只能转账
申领发票购用簿、购买发票	1.税务登记证副本原件及复印件 2.企业营业执照副本原件、复印件 3.办税员证或购票人证明、法定代表人身份征复印件一份 4.财务专用章	税务局	发票购用簿、发票	公司指定专人负责购买发票

资料来源:根据相关政府网站整理。

表 8–8 开办个体工商户流程

工作内容	所需文件	办理机构	结果	备注
名称查询	预先确定的名称	工商局网站	可以使用的名称	
前置审批	在网上查询《企业登记前置许可项目目录》等相关规定，按规定办理	相关机构	批准文件	步骤 2、3 可互换
名称预核准	个体工商户名称预先核准申请书	工商所	名称预先核准通知书	
办理营业执照	1.经营者签署的《个体工商户开业登记申请书》 2.经营者的身份证复印件 3.经营场所使用证明 4.如需前置审批，提交审批文件 5.委托代理人办理的，还应当提交经营者签署的《委托代理人证明》及委托代理人身份证复印件 6.家庭经营的，提交居民户口簿或者结婚证复印件作为家庭成员亲属关系证明；同时提交其他参加经营家庭成员的身份证复印件 7.名称预先核准通知书	工商所	营业执照	

资料来源：根据相关政府网站整理。

注：后续程序与有限责任公司相同，在当地的行政服务中心统一办理。

小结

1.创业组织设立政策、流程、所需文件以及相关的表格均可以到当地工商行政管理局、税务局等官方网站查询。

2.有的地方在工商局办理营业执照前，还需在当地的工商所办理《企业设立勘察注册地址勘察登记》。

3.最好选择距离自己经营场所较近的大型国有银行开办基本户。

4.可自行在当地的行政服务中心一站式办理所有业务，也可委托会计师事务所等代为办理。

5.公司必须建立健全会计制度，可聘请记账公司打理记账、报税等事宜。

6.每个月应按时向税务局报税。即使没有开展业务不需要缴税，也要进行零申报，否则会被罚款。

7.各地对创业组织有很多税收优惠政策，需进行网上查询或向有关部门咨询。

8.设立创业组织不是仅仅拿到营业执照，还包括很多过程。

实 训

实训目的

1. 熟悉对不同创业组织形式的法律要求。

2. 熟悉创业组织开设的流程。

实训一:选择创业组织形式

为本团队的创业项目选择恰当的创业组织形式,并解释原因。

实训二:计算税、费

设定前 3 个月的经营情况,计算需缴纳的税、费。

实训三:创建创业组织

参观当地的政府行政服务中心,了解创业组织设立事宜。在工商局、税务局等政府网站查询,了解相关政策及网上办事流程与所需材料。

第九章 人力资源管理

本章要点

1. 人力资源管理的主要内容。
2. 人力资源管理的实施工具。
3. 相关法律问题。

一、人力资源管理的主要内容

人力资源管理是一个选择、培育、使用和留住人才的过程。主要包括人力资源规划、进行职务分析与员工配置、员工开发与培训、薪酬管理、绩效考核与劳动关系管理(参见图 9-1)。人力资源管理的对象不仅适用于企业雇员,也覆盖创业团队。很多企业创业之初核心团队成员既是创业者也是雇员,但是人力资源管理的很多功能,如培训与开发、绩效管理、薪酬管理、劳动关系管理等也适用。并且,创业者应进行人力资源规划,未雨绸缪。一旦企业需要招聘员工,须同时启动人力资源管理的所有功能。绩效管理在人力资源管理处的核心地位。

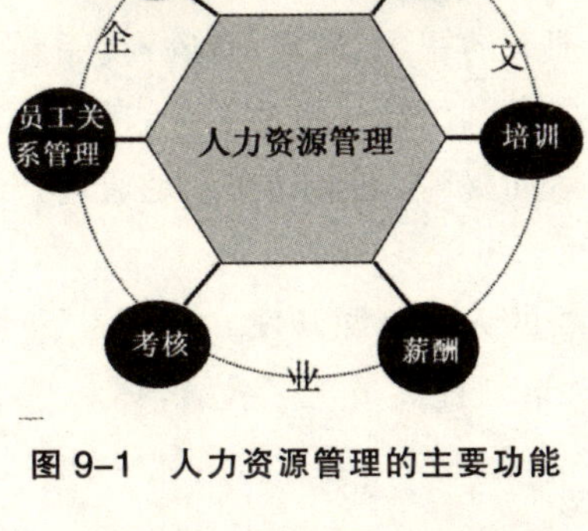

图 9-1 人力资源管理的主要功能

(一)人力资源规划

包括分析与设计职务、人员招聘与配置、教育培训、设计与实施薪酬管理与绩效考评、进行员工激励、管理劳动关系等。在进行人力资源规划时,需关注人力资源成本。与财务部门合作,建立人力资源会计体系,开展人力资源投资成本与产出效益的核算工作。人力资源成本包括:取得成本、开发成本、使用成本、离职成本。

(二)职务分析/员工配置

职务分析是指对工作进行整体分析,以便确定每一项工作由谁做、做什么、何时做、在哪里做、如何做、为什么做和为谁做。职务分析的结果或直接成果是岗位说明书。职务分析是人力资源管理工作的基础,只有在客观、准确的工作分析基础上才能进一步建立科学的招聘、培训、绩效考核及薪酬管理体系。

职务分析主要包括:

职务的内容:责任、任务、行为、功能、义务。

完成职务的资格要求:技能、能力、经历、教育。

完成职务获得的报酬与奖励:工资、福利、奖励、晋升、内在满足。

根据人力资源规划和职务分析的要求,需要进行人员配置。即按照一定的程序和方法,募集、挑选、录用具备资格条件的求职者,并安排到一定的岗位工作的系列活动。

人员配置应注意人与事总量、结构和质量的匹配。例如,人员短缺时,首先考虑在单位内部调配;人员多余时,可组织转岗训练等。结构的匹配应根据不同性质、特点的事,选拔有相应专长的人去完成。质量匹配是指事的难易程度与人的能力水平相匹配。另外,还要关注人与工作负荷是否合理,以及人员使用效果。

(三)开发与培训

人力资源开发就是把人的智慧、知识、经验、技能、创造性、积极性当做一种资源加以发掘、培养、发展和利用的一系列活动,是一个复杂的系统工程。人力资源开发一是通过开发活动提高人的才能,二是通过开发活动增强人的活力或积极性。

人员培训是一种重要的人力资源开发方式。为了使员工更好地胜任工作,需要进行员工培训,通过培训提高员工个人、群体和整个企业的知识、能力、工作态度和工作绩效,进一步开发员工的智力潜能,以增强人力资源的贡献率。

员工培训包括技能培训和素质培训，技能培训是企业针对岗位的需求，对员工进行的岗位能力培训。员工素质培训是企业对员工素质方面的要求，主要有心理素质、个人工作态度、工作习惯等的素质培训。

(四)薪酬管理

包括对基本薪酬、绩效薪酬、奖金、津贴以及福利等薪酬结构的设计与管理。薪酬管理是人力资源管理中最敏感的部分，它不仅牵扯到公司每一位员工的切身利益，还是员工在企业工作能力和水平的直接体现。另外，由于薪酬管理有很多不同的管理类型，如岗位工资型、技能工资型、资历工资型、绩效工资型等。

员工对薪酬管理的满意度，取决于薪酬的社会平均比较和公平度。社会平均比较是指员工会将自己的薪酬水平与同等行业同等岗位的薪酬进行比较；公平度是指员工把自己薪酬与其他员工薪酬进行比较之后感觉到的平等程度。提高公平程度是薪酬管理中的难点。

(五)绩效考核

绩效管理是以目标为导向，将企业将要达成的战略目标层层分解，通过对员工的工作表现和工作业绩进行考核和分析，改善员工在组织工作中的行为，充分发挥员工的潜能和积极性，更好地实现企业的各项目标的程序和方法。绩效管理是一个有计划、有准备、有指导、有沟通的循环过程，既重视结果，亦重视行为。

绩效考核是绩效管理过程中的一种手段，是对员工在一定时间内对所作的贡献和工作中取得的绩效进行考核和评价，及时做出反馈。

绩效考核是进行员工激励的基础。员工激励是指通过各种有效的手段，对员工的各种需要予以不同程度的满足或者限制，以激发员工的需要、动机、欲望，从而使员工形成某一特定目标并在追求这一目标的过程中保持高昂的情绪和持续的积极状态，充分挖掘潜力，全力达到预期目标的过程。

进行员工激励应注意：

努力创造公平竞争环境；

把握最佳时机；

激励要有足够力度；

激励要公平准确、奖罚分明；

物质奖励与精神奖励相结合。

(六)劳动关系管理

劳动关系管理是指传统的签合同、解决劳动纠纷等内容。通过规范化、制度化的管理,使劳动关系双方(企业与员工)的行为得到规范,权益得到保障,维护稳定和谐的劳动关系,促使企业经营稳定运行。

劳动关系管理应兼顾各方利益、协商解决争议、以法律为准绳、预防为主避免劳动争议。

二、人力资源管理工具

(一)管理制度

制度一般指要求大家共同遵守的办事规程或行动准则,有助于实现工作程序、岗位责任和管理方法的科学化与规范化;

制度的制定必须以有关政策、法律、法令为依据。制度除了具有指导和约束性的特点外,还应发挥鞭策与激励的作用;

制度可以以文件形式发布,也可以张贴在某一岗位和某项工作的现场;

企业应建立制度的执行过程与结果的监督、反馈与总结机制。

人力资源管理规章制度主要包括:

用工管理,如员工招募与录用、试用期、调职、晋职、终止合同、解除合同、辞职、临时工使用、人事档案管理等;

薪资福利,如绩效考评、薪资与福利、婚丧假、产假、事假、病假、请假、考勤、加班等;

行为准则,如仪表仪容、工作纪律、处事礼仪、客户接待等;

奖惩制度,如奖励与处罚、合理化建议等。

劳动关系管理,如员工招收录用条件、劳动合同、有关专项协议草案审批权限的确定;员工招收录用计划的审批、执行权限的划分;劳动合同续订、变更、解除事项的审批办法;试用期考察办法;员工档案的管理办法;解除、终止劳动合同人员的档案移交办法、程序;劳动合同管理制度修改、废止的程序;医疗及人身意外伤害、投诉程序、劳动争议;劳动安全卫生制度;劳动岗位行为规范。

(二)工作流程

工作流程是指企业内部发生的某项业务从起始到完成,由多个部门、多个岗位、经多个环节协调及顺序工作共同完成的完整过程。

上述每一项管理制度、管理制度中的每一项内容中，多数应建立相应的工作流程。这些工作流程有的很简单，可以不需要落实到文字上；有的则很复杂。

(三)表格

表格是按所需的内容项目画成格子，分别填写文字或数字的书面材料，便于统计察看。

用工管理表格包括招聘计划报批表、岗位说明书、招聘人员登记表、新员工甄选报告表、试用考察表、人事变动表、人事流动月报表、人员调职申请表、员工任免通知书、员工离职单、辞职申请表、出差申请单等。

开发与培训类表格，如员工培训需求调查表、年度培训计划表、员工培训档案记录表、员工培训计划表、员工培训考核表等。

薪资福利类表格包括件薪核定通知单、件薪计算表、加班申请单、加班费申请单、变更工资申请单、员工奖金合计表、员工工资表、员工工资调整表、工资分析表、员工抚恤申请表、工资统计表、新员工工资核定、奖金核定表、销售人员提成计算表、预支工资申请表等、加班费申请单、员工考勤记录表等。

奖惩制度，例如员工奖惩建议申请表、业务人员考核表、业务员工作日报、主管人员考核表、员工专项考核表、员工通用项目考核表、员工自我鉴定表、面谈记录表等。

三、相关法律规定

(一)建立和完善劳动规章制度

任何企业、个体经济组织等用人单位应当依法建立和完善劳动规章制度，保障劳动者享有劳动权利、履行劳动义务。

用人单位在制定、修改或者决定有关劳动报酬、工作时间、休息休假、劳动安全卫生、保险福利、职工培训、劳动纪律以及劳动定额管理等直接涉及劳动者切身利益的规章制度或者重大事项时，应当经职工代表大会或者全体职工讨论，提出方案和意见，与工会或者职工代表平等协商确定。

用人单位应当将直接涉及劳动者切身利益的规章制度和重大事项决定公示，或者告知劳动者。

(二)订立劳动合同

1.劳动关系

用人单位自用工之日起即与劳动者建立劳动关系，应当订立书面劳动合同。已建立劳动关系，未同时订立书面劳动合同的，应当自用工之日起一个月内订立书面劳动合同。用人单位自用工之日起超过一个月不满一年未与劳动者订立书面劳动合同的，应当向劳动者每月支付两倍的工资，并与劳动者补订书面劳动合同。

2.职工名册

用人单位应当建立职工名册备查。职工名册包括劳动者姓名、性别、公民身份号码、户籍地址及现住址、联系方式、用工形式、用工起始时间、劳动合同期限等内容。用人单位违反劳动合同法有关建立职工名册规定的，由劳动行政部门责令限期改正；逾期不改正的，由劳动行政部门处2000元以上2万元以下的罚款。

3.劳动合同应当具备的条款

(1)用人单位的名称、住所和法定代表人或者主要负责人。

(2)劳动者的姓名、住址和居民身份证或者其他有效身份证件号码。

(3)劳动合同期限。

(4)工作内容和工作地点

在约定工作岗位和工作地点时，可以约定较宽泛的岗位概念，或约定在何种条件下可以变更岗位条款等。

(5)工作时间和休息休假

包括工作时间的长短、工作时间方式的确定。

(6)劳动报酬

包括标准工资、加班加点工资、奖金、津贴、补贴的数额及支付时间、支付方式等。劳动合同中有关劳动报酬条款的约定，要符合我国有关最低工资标准的规定。

(7)社会保险

社会保险是政府通过立法强制实施，社会保险强调劳动者、劳动者所在用人单位以及国家三方共同筹资。“五险”指的是五种保险，包括养老保险、医疗保险、失业保险、工伤保险和生育保险；“一金”指的是住房公积金。其中养老保险、医疗保险和失业保险，这三种险是由企业和个人共同缴纳的保费，工伤保险和生育保险完全是由企业承担的，个人不需要缴纳。“五险”是法定的，而“一金”不是法定的。

(8)劳动保护、劳动条件和职业危害防护

可以约定各项劳动安全与卫生的措施,对女工和未成年工的劳动保护措施与制度,以及用人单位为不同岗位劳动者提供的工作条件等。

(9)法律、法规规定应当纳入劳动合同的其他事项

除法定必备条款外,用人单位与劳动者还可以协商约定试用期、培训、保守商业秘密、补充保险和福利待遇等其他事项。这类约定条款的内容须符合国家劳动合同法的有关规定。

4.其他规定

例如,用人单位招用劳动者,不得扣押劳动者的居民身份证和其他证件。用人单位以担保或者其他名义向劳动者收取财物的,由劳动行政部门责令限期退还劳动者本人,并以每人 500 元以上 2000 元以下的标准处以罚款。

(三)劳动合同的履行、解除与终止

如果发生劳动者不能胜任工作、劳动合同订立时所依据的客观情况发生重大变化等时,用人单位提前 30 日以书面形式通知劳动者本人或者额外支付劳动者一个月工资后,可以解除劳动合同。

用人单位在劳动者严重违反规章制度等情况下有单方解除权。为方便发生争议时举证,应在规章制度或员工手册中对严重违纪、重大损害等情形做出明确量化的规定,同时注意保留职工严重违纪、对企业造成重大损害、严重影响的事实依据。

用人单位与劳动者解除劳动合同或劳动合同终止时,应按照法律规定的情形及程序解除或终止,并应当依法及时向劳动者支付经济补偿,否则将面临加付 50%~100%、甚至两倍经济补偿金的惩罚的风险。

劳动者单方解除劳动合同是法律赋予的权利,用人单位应依法保障其辞职自由,但也应注意规范其辞职行为。对劳动者违反诚实信用原则,在劳动合同约定期限届满前或约定工作任务完成前解除劳动合同,给用人单位造成损失的,用人单位可以主张劳动者赔偿直接经济损失。

案例 1

2011 年 11 月,张先生应聘到某单位,双方未签订劳动合同。2012 年 8 月底,公司单方面终止劳动关系,张先生申请劳动仲裁,并提出追索双倍工资、经济补偿等,合计 28 000 多元。庭审中,企业无法提供考勤表、职工花名册以及工

资支付明细等作为证据，用工企业支付张先生 8000 元，实现庭上和解。

案例 2[①]

王某自 2011 年 1 月 10 日起在某公司工作，双方签订劳动合同。王某提成工资的 30%被公司作为预留押金，待劳动合同解除或终止时一次性发放。2011 年 6 月 20 日，因工作失误，王某被解除工作合同，公司没有支付王某被预留的提成工资。王某于 2011 年 7 月申请仲裁，提出追索经济补偿金等 4 万多元。

庭审中，企业辩称解除王某的劳动关系，是因为其存在过错给公司造成经济损失，其不应享受经济补偿金。企业并未扣发王某的提成工资，只是预留了回款奖金的 30%，由于其过错，公司将其扣除。

劳动仲裁部门认为，关于重大损害的标准以及劳动者切身利益相关的管理制度，需经职工代表大会或者全体职工讨论通过，并在企业规章制度中明确。但是该企业管理规定中对损害程度、标准等界定不明确。

依照相关法律规定，用人单位不得随意扣除劳动者工资。除法律、法规规定可以代扣劳动者工资的事项外，用人单位扣除劳动者工资应具备 3 个法定要件，即制定程序要民主，内容要合法，要向职工告知，缺一不可。而该企业无法提供相关证据证明其管理规定符合上述 3 个法定要件。综上所述，该企业被裁定支付王某经济补偿金及 50%额外经济补偿金等共计 2 万余元。

案例 3[②]

聂某于 2010 年 6 月 6 日与某销售有限公司签订劳动合同，任售后部门主任职务。公司于 2011 年 6 月口头通知聂某不用来了，聂某于 2011 年 7 月申请仲裁，提出追索经济补偿金等近 2 万元。

该公司在庭审中辩称，聂某在工作期间绣十字绣、吃零食、上非工作网页，并利用职权谋取私利，因此依据公司管理规定解除与其的劳动合同合法有据。

劳动仲裁部门认为，企业做出解除劳动合同通知书，但未向申请人送达，也未出具解除劳动合同通知书。另外，企业提供的公司管理规定，未能提供证据证明其经过民主程序制定且已向员工公示或者告知，故不能作为解除劳动合同的依据，因此解除劳动合同的行为属违法行为，应当支付申请人违法解除劳动合

① 改编自：杨璐，法律知识欠缺 企业蒙受损失，大连晚报，2011 年 12 月 18 日。
② 改编自：杨璐，法律知识欠缺 企业蒙受损失，大连晚报，2011 年 12 月 18 日。

同赔偿金近 4000 元。

·小结·

1. 个体工商户也应遵守《中华人民共和国劳动合同法》。

2. 无健全人事管理机制的创业组织可考虑使用劳务派遣用工，以降低用工成本和用工风险。

3. 为降低用工成本，需仔细研读、充分享受国家创业就业政策中有关保险补贴、岗位补贴、技能培训、店铺租金补贴等规定。

4. 人力资源管理，需以情留人。在制定制度、规定时让员工参与意见，一是便于实施；二是让大家感受到尊重；三是为了遵守国家法律法规。

5. 工作中所需的制度、流程、表格等的样本可在网上搜索，根据企业具体情况适当加以调整。

实 训

实训目的

1. 熟悉人力资源管理的工作内容。

2. 了解相关法律法规并学会应用。

实训一：人力资源管理训练

针对本创业团队的情况，进行岗位设计、员工招聘、签订劳动用工合同与绩效考核。

实训二：模拟招聘

在班里进行模拟招聘。

第十章　市场营销管理

本章要点

1. 确定目标顾客群。
2. 选择目标客户群。
3. 制订市场营销计划。
4. 实施市场营销计划。

一、确定目标顾客群

找准产品或服务的目标顾客群,是将产品或服务推向市场的第一步。确定目标顾客群的目的是引导创业者把有限的资源用于最有吸引力的市场机会中去。

(一)STP 分析

确定目标客户群的过程可采用 STP 分析法:首先要进行市场细分(segmenting);在细分的基础上选择该产品要进入的目标市场(targeting);之后对所进入的目标市场进行产品的市场定位(positioning)。

1.进行市场细分

市场细分是指创业者通过市场调查,依据潜在消费者的需要和欲望、购买行为和购买习惯等方面的差异,把某一产品的市场整体划分为若干消费者群的市场分类过程。

一般市场细分的标准有人口因素:包括年龄、职业、收入、教育;心理因素:包括生活方式、购买动机、态度等;行为因素:包括购买数量、购买频率、购买习惯(品牌忠诚度)以及对服务、价格、渠道、广告信息获取的敏感程度等变量因素。图 10-1 为细分市场的类型与分类依据。创业者要结合自己的企业、产品和市场竞争的情况,选择合适的标准,进行市场细分。市场细分的标准可以是单一的,也可以是多个标准的综合使用。

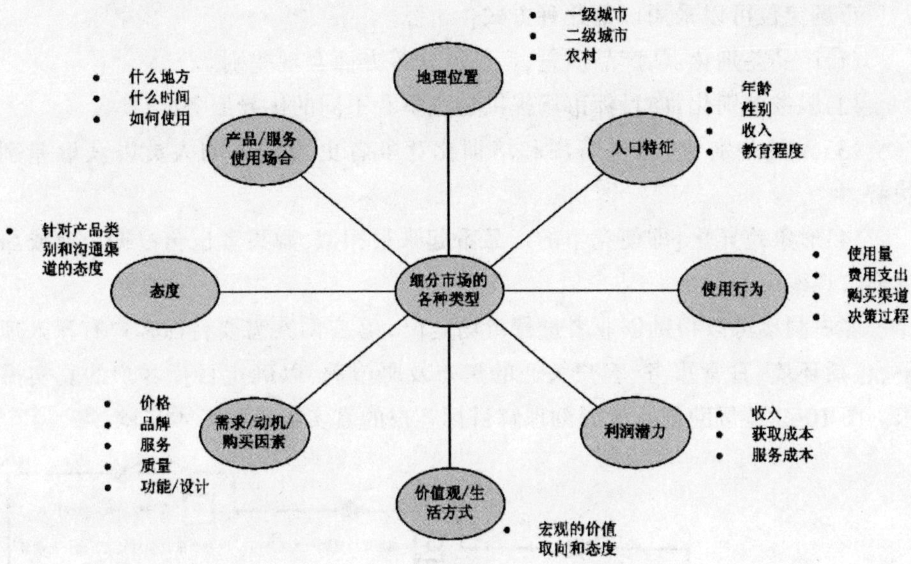

图 10-1 细分市场的类型与分类依据

有效地进行市场细分应遵循如下原则：

可区分原则——市场差异明显；

可进入原则——企业资源吻合；

可盈利原则——经营有利可图。

2.确定目标市场

进行了市场细分后，需要根据市场机会与企业目标、实力的匹配程度，评估每个细分市场的吸引力，选择拟进入一个或多个细分市场。有吸引力的目标市场应满足以下条件：

(1) 有一定的市场规模和较好的发展潜力。

(2) 有足够的吸引力和较长时期的盈利能力。

(3) 符合企业的发展目标和能力。

(二)进行市场定位

市场定位是在选定的目标市场上塑造出本企业产品与众不同的形象，并把这种形象生动地传递给消费者。市场定位的关键是企业要设法在自己的产品上找出比竞争者更具有竞争优势的特性。创业组织必须有明确的市场定位，否则就会失去客户的关注。市场定位应避免出现定位混乱、定位过度、定位过宽或定位过窄的情况。

市场定位可以采用以下几种方式：

(1)产品差别化：从产品质量，产品款式等方面实现差别。

(2)服务差别化：向目标市场提供与竞争者不同的优异服务。

(3)人员差别化：通过聘用和培训比竞争者更为优秀的人员以获取差别优势。

(4)形象差异化：即使竞争的产品看起来很相似，购买者也会根据企业或品牌形象观察出不同来。

客户洞察可以帮助创业者进行市场定位。客户洞察需要目标客户有深入理解，包括环境、日常事务、客户关心的焦点及愿望等，以确定目标客户的真实需求。图 10-2 是帮助创业者深刻理解目标客户的真实需求的基本步骤。

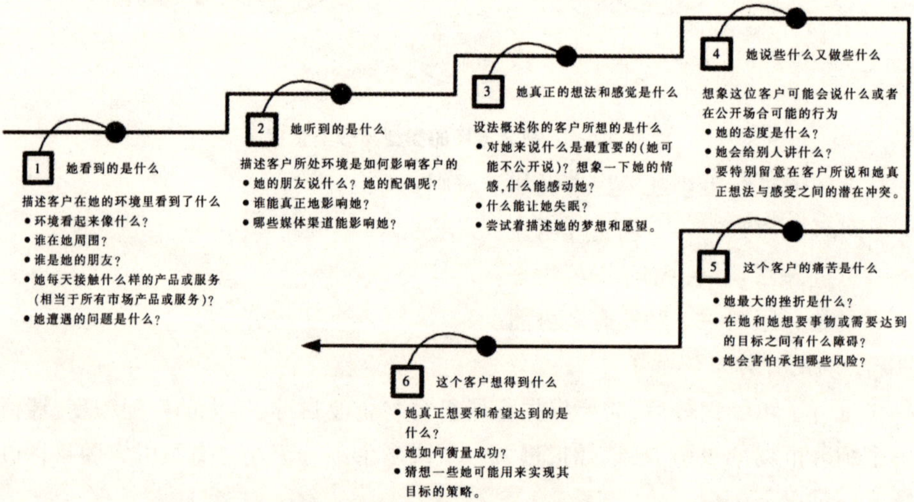

图 10-2 客户真实需求描述

一旦确定市场定位，需通过一系列的宣传促销活动，将其独特的竞争优势准确传播给潜在顾客，并在顾客心目中留下深刻印象。

案例 1

2004 年初，宋女士开办了一家香水加油站，销售散装香水。她认为相对廉价但是质量与瓶装香水相近会受普通消费者的欢迎，因此选择的店址为一个老居民区。但是由于老居民区里居住的大多是普通工薪人员，他们对香水的消费需求非常少，因此香水加油站接连几个月都处于亏损状态。

后来，宋女士又把香水加油站开到了一个偏高档的住宅小区里，并对店铺进行了精心布置，同时添置了皮肤测试仪器，对每个消费者使用何种香水可以科学测试。很快，宋女士开始盈利了。

二、制定市场营销方案

(一)市场营销组合

在进行了市场定位后，需要制定相关的营销组合方案，营销组合最直接的表现是 4Ps，即产品(product)、价格(price)、渠道(place)和促销方式(promotion)。

1.产品

产品是指人们向市场提供的能够满足消费者或用户某种需求和欲望的物质产品和非物质产品的总合。产品是一个整体概念，包括核心产品、有形产品、附加产品和心理产品 4 个层次(图 10-3)。

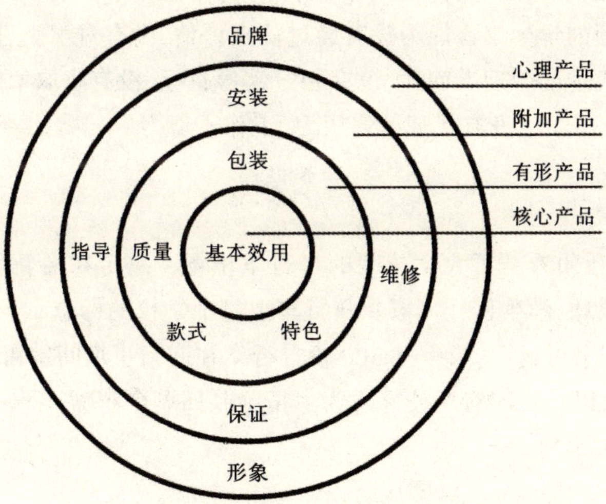

图 10-3 产品的整体构成

(1)核心产品

也称实质产品，是指消费者购买某种产品时所追求的利益，是顾客真正要买的东西，因而在产品整体概念中也是最基本、最主要的部分。例如消费者购买自行车是为了获得一种代步工具。

(2)有形产品

是核心产品借以实现的形式,通常表现为产品质量水平、外观特色、式样、品牌和包装等。

(3)附加产品

是顾客购买有形产品时所获得的全部附加服务和利益，包括提供信贷、免费送货、质量保证、安装、售后服务等。

(4)心理产品

指产品的品牌和形象带给顾客心理上的满足。

案例 2

张某进了一批手机挂件,通过学生在大学校园销售,结果失败,原因如下:

1.挂件个头太大,不适合做手机挂件。

2.挂件外壳不好看,颜色单调。

3.因为价低利薄,所以需要有较大的销货量才可盈利。

4.对做代理的学生销售能力没有经过认真评估,没有对学生进行培训。

5.对学生代理的管理有问题。没有制定销售目标、没有收取学生代理押金和定金、免费送货。学生没有代理销售压力,工作不努力。

案例 3

某大学生社团看准了大学校园的自行车市场，决定在迎新生时销售自行车。为了吸引眼球,学生们让厂家在自行车上打上学校的标志。自行车销售采取赊销的形式,剩余可返厂,第一批 300 辆自行车在迎新生期间销售过半。这时问题出现了,厂家以已经印有学校标志为由拒绝收回剩余车辆。

案例 4

某创业者在经营一家小店的时候，因为顾客经常询问店里没有的东西,于是不断进货。很快出现商品种类很多、很杂、很乱的情况。最后因为没有资金购入适销对路的商品而倒闭。

2.价格

企业在对产品进行定价时,必须要考虑以下因素:产品成本、竞争者价格、替代品价格和消费者感受的产品价值。

(1)价格策略

常见的创业组织经营产品的价格决策策略主要有以下几种。

1)取脂定价策略:取脂定价策略,又称撇油定价策略,是指企业在产品寿命周期的投入期或成长期,利用消费者的求新、求奇心理,抓住激烈竞争尚未出现的有利时机,有目的地将价格定得很高,以便在短期内获取尽可能多的利润,尽快地收回投资的一种定价策略。其名称来自从鲜奶中撇取乳脂,含有提取精华之意。

2)渗透定价策略:渗透定价策略,又称薄利多销策略,是指企业在产品上市初期,利用消费者求廉的消费心理,有意将价格定得很低,使新产品以物美价廉的形象,吸引顾客,占领市场,以谋取远期的稳定利润。

3)满意价格策略:满意价格策略,又称平价销售策略,是介于取脂定价和渗透定价之间的一种定价策略。

由于取脂定价法定价过高,对消费者不利,既容易引起竞争,又可能遇到消费者拒绝,具有一定风险;渗透定价法定价过低,对消费者有利,对企业最初收入不利,资金的回收期也较长,若企业实力不强,将很难承受。而满意价格策略采取适中价格,基本上能够做到供求双方都比较满意。

(2)定价方法

定价方法是指企业为实现定价目标和定价策略所采取的具体定价的方法,主要有:

1)成本导向定价法:以营销产品的成本为主要依据制定价格的方法,统称为成本导向定价法,这是最简单、应用相当广泛的一种定价方法。这里主要介绍成本加成定价法。

成本加成定价法,即按产品单位成本加上一定比例的毛利定出销售价。

2)需求导向定价法:需求导向定价法是指根据市场需求状况和消费者对产品的感觉差异来确定价格的定价方法。

它包括以下 3 种:

- 认知导向定价法,是根据消费者对企业提供的产品价值的主观评判来制定价格的一种定价方法。
- 逆向定价法,它是指依据消费者能够接受的最终销售价格,考虑中间商的成本及正常利润后,逆向推算出中间商的批发价和生产企业的出厂价格。
- 习惯定价法,是按照市场长期以来形成的习惯价格定价。

3)竞争导向定价法:竞争导向定价法是企业通过研究竞争对手的生产条件、服务状况、价格水平等因素,依据自身的竞争实力,参考成本和供求状况来确定商品价格。以市场上竞争者的类似产品的价格作为本企业产品定价的参照系的一种定价方法。主要包括随行就市定价法、产品差别定价法和密封投标定价法。

案例5

图 10-4 是某公司旅游产品的定价策略。

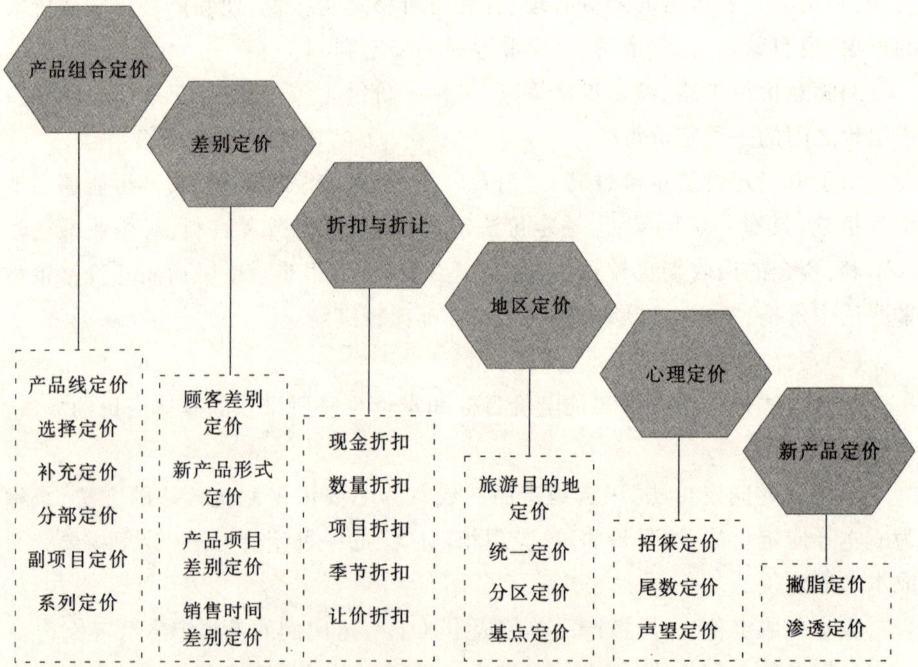

图 10-4 某公司旅游产品的定价策略

案例6

张某专门做电脑配件批发生意。他向大企业学习,采取“先亏后赚”的恶性竞争策略,力图打败周边的竞争对手。“先亏后赚”的战略运行一年,不但没把旁边的那些柜台商们搞垮,反而把自己给搞垮了。第一,因为定价过低,给零售商造成产品质量低的印象;第二,低定价没有提升销售量。原因一是很多零售商以较低价格拿到了货物,但是仍按照老的零售价,而不是按照约定的优惠价向外销售。二是部分零售商按照约定的价格销售反而扰乱了市场秩序。三是因为竞争厂家避开了价格战，在产品款式上和销售渠道上采取了差异化。

3.渠道

分销渠道指企业为了使其产品进入目标市场所进行的路径选择，它关系到企业在什么地点、什么时间、由什么组织向消费者提供商品和劳务。选择分销渠道主要受产品、顾客、中间商、竞争者、企业的自身能力和外部环境的影响。传统的营销渠道包括：批发商、代理商、零售商。新型的营销渠道包括连锁经营、特许经营、生产企业自营销售组织、网上直销等。

案例 7

陈某的一个朋友是某外资企业的运营总监，在他的帮助下，陈某拿到了该公司一年几百万的印刷业务。陈某迅速成立了一家颇有规模的制作公司，两年后这位朋友离开了这家外企，继任者将这笔印刷业务给了自己的关系户。失去了业务支柱陈某几个月后关闭了公司。

案例 8

在自身的因素中，尤其要考虑销售渠道问题。王先生摆地摊倒卖服装，很快有了一个小门面，专卖儿童服装。过程中结识了很多经营儿童用品的商人，也常有经济往来。后来王先生代理了一款儿童益智产品，他自然想到了这些关系网，顺理成章地利用上了原来的渠道，事半功倍。

4.促销

促销是指企业通过人员推销、广告、公共关系和营销推广等各种促销手段，向消费者传递产品信息，引起他们的注意和兴趣，激发他们的购买欲望和购买行为，以达到扩大销售的目的。

(1)促销的方式

在实践中，促销方式有很多种，大体可分为两类：人员促销和非人员促销。非人员推销又包括广告、公共关系和营业推广。

1)人员推销：派出销售人员与潜在客户交谈，进行产品或服务推销。人员销售是销售人员帮助和说服购买者购买某种商品或服务的过程。

2)广告：广告是一种传播工具，是将某一项商品的信息，由这项商品的生产或经营机构(广告主)传送给一群用户和消费者；广告进行的传播活动是带有说服性的;广告是有目的、有计划,是连续的;广告不仅对广告主有利,而且对目标对象也有好处,它可使用户和消费者得到有用的信息。

3)公共关系:是创业组织为改善与社会公众的关系,促进公众对组织的理解与支持、树立良好的社会形象、促进产品销售为目的而进行的一系列公共活动。

4)营业推广:营业推广是一种适宜于短期推销的促销方法,是为鼓励购买、销售商品和劳务而采取的除广告、公关和人员推销之外的所有企业营销活动的总称。创业组织常用的营业推广形式包括代金券或折扣券、附加交易、特价或折扣、"回扣"式促销、抽奖促销、派发"小样"现场演示、有奖竞赛、礼品、购物消费卡等。

(2)促销方式的选择

在选择促销方式时,应综合考虑以下因素:

- 商品性质。
- 产品的寿命周期阶段。
- 购买者的认知阶段。
- 市场的集聚度。
- 促销费用预算。

在确定产品、价格、渠道和促销方式时,需从4Cs(消费者,consumer;成本,cost;便利,convenience;沟通,communication)出发,以追求顾客满意为目标。根据顾客的需求提供产品和服务、根据其支付能力确定价格、从方便顾客购买及方便为顾客提供服务来设置分销渠道、通过与顾客沟通感情进行促销。

案例9

王女士和几个朋友在闹市区租下了数百平方米的场地,开设了一家专门面对女人消费的茶吧。开业之初,由于媒体的连续报道,生意兴隆。但很快来的客人日渐稀少,于是她们有效地利用优势资源,开展促销,她们和省里的"女企业家协会"联系,划分出场地作为"女企业家协会"活动场所。几次活动下来,不但吸引了女企业家,还吸引了"女记者协会""女律师协会"成为团体客户,一些高收入的女士成为长期客户。另外,还开辟出了一个新的区域提供给省内最大的婚介公司合作经营。

案例 10

张某在某旅游胜地开了家餐馆,李某在其附近开了一家服装店,他们采取互相帮忙的方式进行营销。例如一位游客问李某附近哪家餐厅好,李某就会推荐张某的餐馆。游客在张某的餐馆消费时,结账或服务小姐又会热情地推荐张某的服装店。

案例 11

张某开办了一个建筑行业使用的振动棒加工厂,产品质量很好,但是销售出现了问题。原因:①工厂没有名气,难以取得客户信任;②缺乏资金,无法给经销商铺货;③社会关系不足,没有自己的营销网络。张某采取的营销方案是:将产品送到五金店试销和施工单位试用,满意再付款。很快,产品打开了销路。张某利用阿里巴巴的博客、论坛等,广为发布信息。

案例 12

红罐王老吉的定位是"预防上火的饮料",围绕该定位企业的营销活动以此展开。

产品:凉茶始祖,草本植物提取。

价格:上市的价格比普通饮料高,支持其能"预防上火"健康的观点。

分销:因为饮食是上火的一个重要原因,特别是"辛辣""煎炸"饮食,所以王老吉首先加大力度开拓餐饮场所,重点选择在湘菜馆、川菜馆、火锅店、烧烤场等。

促销:向消费者派送"防上火宝典";在炎夏举行"炎夏消暑王老吉,绿水青山任我行"刮刮卡活动,刮避暑胜地 2 日游。广告词:"怕上火,喝王老吉"。

(二)制定市场营销组合方案

1.市场营销组合的特征

一般来说,营销组合的特点有以下 4 个方面.

(1)可控性

营销组合各因素对企业来讲都是"可控制因素"。就是说企业可以根据市场的需要,选择生产经营的产品结构,制定产品的价格,选择分销渠道和促销方式等,对这些营销手段的运用和搭配,企业有自主权。但是这种自主性是相对的,是不能随心所欲的，因为企业营销过程中不但要受本身资源和目标的制约，而且还要受各种微观和宏观环境因素的影响和制约。

(2)动态性

市场营销组合是一个动态组合。每一个组合因素都是不断变化的，是一个变数；同时又是相互影响的，每一个因素都是另一个因素的潜在替代者。

(3)复合性

销售组合是一个复合系统，具有复合结构。四个大因素(即4Ps)中又各自包含若干小的因素，形成各个“P”的亚组合。

(4)整体性

营销组合是企业根据销售目标制定的整体营销策略，它要求企业市场营销的相关因素协调配合，一致行动，发挥整体功能。

2.制定市场营销组合方案

由市场营销组合的特点决定了市场营销是四大因素的整体组合。假设企业根据目标市场的需要设计生产一种质量上乘的产品，那么，与此相适应，产品的价格必须与产品的质量相一致，分销渠道也必须与产品品质相一致，促销活动必须与产品品质、价格和分销渠道相一致，使4个因素密切配合起来，形成整体策略。

案例13

如某企业将产品采取批发途经进入市场，其营销方案如下：

产品组合：有品牌、大包装、送货上门、售后服务只对批发商；

价格组合：出厂价格，给批发商留有足够的进销差价，让利给批发商建维修点；

渠道组合：只对批发商，不零售；

促销组合：针对批发商，以印刷广告为主；

当销售一阶段，感觉只靠批发商进行市场推广不理想，在不影响批发商销售渠道的前提下，要吸引更多零售商介入，营销组合方案要做相应调整如下：

产品组合：有品牌、增加中小型包装、送货上门改为自提、自建售后服务点；

价格组合：批发价格，给零售商留有足够的批零差价，但还要考虑售后维修的费用；

渠道组合：对批发商、零售商；

促销组合:针对批发商和零售商,以印刷广告和营业推广促销为主。

三、执行市场营销方案

市场营销方案的执行可借助于制度、流程、表格等一系列管理工具进行。

(一)制度

包括市场营销计划管理制度、市场营销信息管理制度、价格管理制度、促销管理制度、销售渠道管理制度、销售人员管理制度、客户关系管理制度、售后服务管理制度等。

(二)流程

在营销过程管理中的核心是工作流程,因为流程的明确与否和销售计划是否能被有效执行有极大的关系。而许多营销管理上的问题都和销售链作业程序,也就是营销活动有关,各种层面的流程改善(例如销售计划、计划分解、业务协同、阶段进度、销售步骤、阶段成果的作业程序)对企业的营销结果有关键性的作用。图 10-5 为某公司营销管理流程图。

(三)市场营销表格

现在越来越多的企业实行表单管理,因此科学合理地设计表单成为营销管理的必备。一般来讲,营销管理涉及如下表单:

1.与产品销售相关

产品销售计划表、产品营销分析表、估价单、促销成本分析表、促销活动计划表、订货单、访问顾客预订及结果报告单、广告预算表、价格表、竞争对手价格调查表、竞争厂商调查表、营业日报、报价单。

2.与客户分析相关

销售回款情况分析表、客户信用度分析表(针对企业、管理人员和职员)、客户增减分析表、新开发客户报告表。

3.与销售支持相关

每日销售报表、年度业务报告表、企业畅销产品分析表、市场调查报告计划表、市场调查报告、新产品潜在客户追踪表、同业产品市场调查价格表、销售报告表、销售额统计表、销货明细表。

4.与销售业绩评价相关

销售人员业务预定与实际情况报告单、销售日报、销售效率分析表、销售业

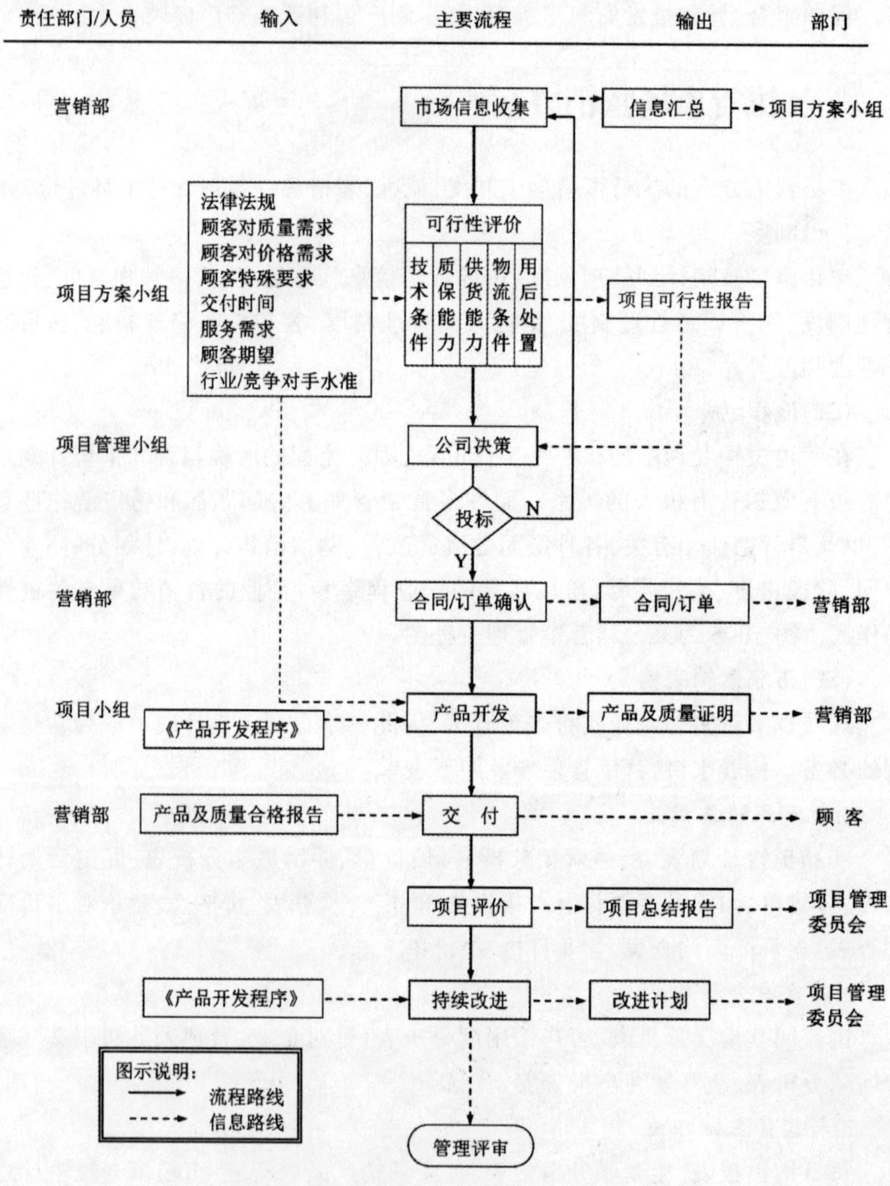

图 10–5 某公司营销管理流程图

务状况报告表、销售预测表、销售预算计划表、广告计划与实施表等。

5.与售后服务相关

投诉处理报告表、产品返场率等。

小结

1.市场营销组合不是简单集合,而是相互联系、相互制约因素组成的有机集体。

2.制定市场营销方案,要考虑其动态性、复合性,在各层次的组合变数中选择最佳组合。

3.工作中所需的制度、流程、表格等的样本可在网上搜索,根据企业具体情况适当加以调整。

实 训

实训目的

1.学习进行市场定位。

2.体会运用工具的力量。

3.学习制定市场营销方案。

4.实践市场营销方案。

实训一:市场营销分析

1.为本团队的创业产品进行市场定位,讨论并写出目标客户的需求。

2.在拟服务的所有客户细分群体中,选出一个有希望的候选人,借助图 10-2 对客户真实需求进行分析描述。

3.对比这两个结果,分析为什么会出现差异。

实训二:市场调查

以全体学员为研究对象,每组用 10 分钟时间在班里开展市场调查,确定自己的目标客户群(目标客户群成员可以包括本组的学员)。

实训三:实施市场营销计划

在班里所有团队的市场营销计划中选择一个最为可行的,进行市场测试。按照该市场营销计划,组织一次计划实施。体会理想与现实的差距,体会市场调查的意义,针对该方案提出改进建议。

第十一章 生产管理

本章要点

1. 生产管理与精益生产。
2. 新产品开发。
3. 质量管理。
4. 生产管理工具：制度、流程、表格。

一、案例导入

案例 1[①]

2000 年，30 多岁的蒋永超从粮食系统下岗。经过一番市场考察后，他发现大家都很喜欢吃烙馍，想到了做烙馍创业。

中原地区的人们习惯把烙馍当主食，因此卖烙馍的小商贩比比皆是。蒋永超不会做烙馍，他到处拜师学艺，苦练烙馍技术。但他没想到，烙馍店开张后，人们很快发现他的烙馍和其他店的烙馍没啥两样，买的人越来越少。为此，蒋永超进行以下改进。

开发新品种：

蒋永超发现，很多小孩嫌烙馍没味不喜欢吃，而喜欢吃水果味的果冻，于是他想到了做水果味烙馍。当地从来没人做过水果烙馍，找不到师傅教，他只好自己摸索。他买了一大堆香蕉、山楂、苹果等水果，在家练习了起来。很快，水果烙馍在孩子们中打开了市场。

尝到创新的甜头后，他又前往河南农大食品厂拜师求艺，开发出了杂粮和蔬菜味的烙馍。

① 改编自：烙馍大王蒋永超：创造财富新神话，腾讯网，2008 年 2 月 26 日。

提高生产效率：

由于产品供不应求，还有很多烙馍商贩前来批销他的特色烙馍，蒋永超不得不考虑如何提高生产效率、增加产量。他想到了机械化生产，请来了机械工程师，提出自己的设想，经过一年多的实验后终于成功，效率是手工烙馍的20倍。该机器不但能出烙馍还能生产春饼、煎饼、面饼等产品。用机器做烙馍是个新鲜事，吸引了很多人前来购买，蒋永超的烙馍总是脱销。

改进包装：

随着小烙馍走向大市场，很多消费者不清楚如何吃烙馍，甚至有外国人误拿烙馍当餐巾纸。蒋永超在烙馍袋印上了食用说明，还给自己的产品注册了商标：口福香烙馍。

组合产品：

蒋永超研究出了小菜和烙馍搭配着卖的不同组合，营业额一下子增长许多。

案例2

做了7年市场推广工作后，成都人袁某厌倦了给别人打工，决定开一家小龙虾餐馆。其生产管理主要涉及以下内容。

选址：

他用了近3个月的时间把成都所有的餐饮集中片区都考察了一遍，同时也在网上不断寻找商铺信息。经历了痛苦的煎熬后，他偶然发现一条农家乐风格的美食街，经过反复考察和论证，最终选址于此。

创新产品：

开张后仅仅半个月，餐厅火速蹿红，奥妙在产品创新。袁某经过长时间的不断试验，结合江苏和湖北的小龙虾做法，融入川味的调味手法，创造出了全新的小龙虾做法，让小龙虾更加麻辣鲜香、浓香味厚。

不断创新产品：

餐饮是一个淘汰率极高的行业，只有不断创新菜品才能生存。为此，他常常亲自动手，研制新的菜品。因为小龙虾是季节性非常强的餐饮类型，入秋之后肉质会下降。所以，袁某不断推出新的菜品，例如麻辣大闸蟹的全新吃法，引进地道的丽江腊排骨火锅等。

细节管理：

生产管理是一项很复杂的系统工程，袁某十分注重细节，例如装修格调的选择、菜品的创新和定位、质优价廉地采购原材料、厨师的选择和操作的规范等。

案例 3①

四川省宁南县是传统养蚕大县,几乎家家户户都养蚕,但由于条件限制,很少有人家大规模养蚕。余洪科在外打工 5 年,学到了先进的生产管理经验。2008 年年底,他发现由于农村劳动力大量外流,部分桑园和蚕房废弃闲置,于是低价租赁这些闲置的养蚕资源,搞起大规模养殖。

当年余洪科就养蚕 80 多张,是当地普通养蚕家庭的 2~3 倍,因而一跃成为当地养蚕首富。尝到甜头后,他通过租赁、承包模式集中生产资源、扩大规模,同时,他购买和租赁切桑机、机动喷雾器、电动喷粉器等,把纯手工劳作变为半自动化生产。

余洪科家中养蚕规模大、且桑地、蚕房分散,雇佣的工人也多。在大型服装厂打过工的余洪科“拿”来了厂里的管理模式——流水线生产、计件付报酬。他把工人分为几个小组,每个小组负责一个片区,小组中又采用流水线生产方式,每人负责不同的劳动环节。这样的管理模式一方面节约了大量时间,另一方面明确了责任保证了生产质量。由于按件付酬,工人积极性也提升不少。如今,村里不少人开始学起余洪科的生产模式,走上养蚕致富路。

案例 4

徐某下岗后从事服装美容业,除了服装织补,还包括服装翻新改色、服装改型等。看到很多下岗工人没有工作的报道后,他主动与扬州劳动保障部门联系,举办了免费织补技术培训。意想不到的是很多人要求学习更高级的服装美容技术,于是他开班收徒,根据传授技术不同,开设不同等级的培训班。每个地区两年内只收一名学生,学生学成后开加盟店。很快,他的学生遍布各地,连锁加盟店开了近百家。

案例 5

陈某的创业项目是 ATM 机保洁。为了探究 ATM 机的最佳清洁方法,陈莹

① 改编自:农村小伙返乡创业成养蚕“牛人”,四川日报,2013 年 11 月 20 日。

上网搜索、购买了各种去污产品进行试验，她还向高校的化学老师和有经验的专业人士请教。通过两个多月的努力，她的 ATM 机清洁产品通过了北京市技术监督局的安全检测。

清洁 ATM 机，不仅要给存取款机做保洁和消毒，还要把清洁玻璃间的地面和墙面，用铲刀去掉上面的口香糖胶渍和小广告，然后喷洒消毒液和空气清新剂。这些存取款机看上去光洁如新，但是经过卫生部门检测发现，银行卡插槽、键盘缝隙等仍有细菌存在。陈莹的团队总结出了一套更科学的清洗流程，并增加了专用清洁工具，除玻璃刮刀、尘推、去胶剂、小广告铲刀和百洁布外，从美国邮购了一批专门用于清洁细小缝隙和插卡槽的新型工具。另外，为 ATM 机做完保洁和消毒处理后，在键盘上覆盖从英国进口的专用抗菌涂层。

再次检测后，ATM 机完全符合卫生部制定的《公共场所用品卫生标准》。陈莹的公司很快扩展了市场，她还新成立一家化工制品公司，开始专门研制和生产 ATM 机、电脑、电梯等产品的清洁剂和消毒液。通过两年多的艰苦打拼，陈莹已经创下了千万财富，并拥有 200 多名员工。

案例 6

魏某开了一家包子店，想打造自己品牌的包子。为了研发包子生产秘方，他品尝各地包子口味，进行潜心研究，仅仅和面这个环节就进行了无数次试验，不仅能保证包子的汤料不会渗到面皮当中，而且又能确保包子的新鲜和营养。用于包子馅料的蔬菜和肉食品等也经过严格的采购，全方位确保了包子的质量。经过上百次实验，并请上千位市民免费品尝，最终确保了包子独一无二的口感，以及营养均衡的配料比例。

凭借着独特的口味、合理的价格和热情周到的服务，魏某第一年就获利近 10 万元。第二年陆续开起了 5 家包子铺，并起名为“明鼎包子”。凭借着好的质量好的口碑，他的包子铺生意非常红火。

生意火了，魏某采取直营店和加盟的方式向外扩张。他只收取较低的加盟费，并为加盟商提供上门选址及开业指导，确保加盟成功。为了保证包子的口味和质量，他对各地所有分店统一供应配方调料，对肉菜面招标指定供货商，并定期抽查。还规定，一旦发现加盟店主采购非指定原材料，员工都可以向总部举报，并获得奖金鼓励。几年时间里，他在山东省内发展了 300 多家连锁店，在河北、黑龙江等北方几个省份开了 100 多个分店。“明鼎大包”被评为“中华名吃”

"山东地方特色名吃"。

案例 7

大学生杨某发现了在校园里"光棍T恤"的商机,和几位同学一起组建了创业团队。很快,一款白色光棍T恤设计出来了,这种调侃中又透露出快乐的"光棍T恤"自然受到了大学生们的热捧。

"单身派"有自己的经营方式,即团队为总经销商,负责开发、设计、生产产品,而推销产品则交给那些兼职的大学生们做代理。越来越多的同学穿着"光棍T恤"上街后,产品因为款式单一开始滞销。杨某他们面向各大高校招聘设计人员,很快一款款新颖、个性的"光棍T恤"面世。他们注册"单身派"商标,还开发了衣服、鞋子、裤子、手表、项链等系列单身文化用品。

案例 8

成都女孩李某开了一家手帕店,她自己没有美术方面的基础,又雇不起专业设计师,于是找到一名思维活跃,在产品设计方面很有灵气的大学生杨某为自己打工。

她们设计了当地旅游图手帕,并找到了义乌的一家工厂加工生产,最初的手帕销售采取代销的形式。她们不断设计新的地图和当地风景手帕,并创新材质,在纯棉布的基础上,增加了丝绸、夏布等更古朴的布品,并配以漂亮的礼品包装。这批手帕一经面世,就大受喜爱。

此时,杨某大学毕业与李某共同创业,她们开起了手帕专卖店。地图手帕销售一段时间后,销售势头逐渐减弱,开发新产品迫在眉睫。针对各类人群的不同需求,她们将手帕的功能进行细分,开发了适合儿童的游戏系列、玩偶系列、动漫系列、情侣系列等。

案例 9

农村青年刘某生产食用菌,起初规模小,租了七八间房,约300平方米,不到半年,就小赚了一笔钱。于是他将生产规模扩大一倍,可技术和管理却跟不上,食用菌全部被污染,亏了1万多块。

二、生产管理与精益生产

(一)生产管理的基本任务

生产管理是对企业生产系统的设置和运行的各项管理工作的总称,又称生产控制。生产管理的基本任务包括:

1.生产组织

如确定获得产品的方式、店铺选址、工厂选址与布局、组织生产线、实行劳动定额和劳动组织、设置生产管理系统等。

2.生产计划

包括制订生产计划与工作流程、采购、安排生产与物流、库存管理、新产品设计与开发等。

3.生产控制工作

包括控制生产进度、生产库存、生产质量、生产成本、实施标准化生产、使用与改进生产设备与技术等。

(二)生产管理系统

生产管理是有计划、组织、指挥、监督调节的生产活动,旨在以最少的资源损耗,获得最大的成果。生产管理是一个系统工程,过程涉及物流、资金流、工作流和信息流。

物流:由企业原材料、在制品、产成品、废品等在生产与运作系统各环节中流动而形成。

资金流:伴随物质流而产生。

信息流:企业统计数据、财务报告、生产计划。

(三)精益生产

精益生产的思维理念对于创业者进行生产管理十分重要。精益生产是通过系统结构、人员组织、运行方式和市场供求等方面的变革,使生产系统能很快适应用户需求不断变化,并能使生产过程中一切无用、多余的东西被精简,最终达到包括市场供销在内的生产的各方面最好结果的一种生产管理方式。其特色是"多品种""小批量"。

精益生产方式的基本思想是在需要的时候,按需要的量生产所需的产品。精益生产追求零库存、快速反应,把员工的智慧和创造力视为企业的宝贵财富和

未来发展的原动力。精益生产方式的主要特征表现为:

- 品质:寻找、纠正和解决问题。
- 柔性:小批量、单件流。
- 投放市场时间:把开发时间减至最小。
- 产品多元化:缩短产品周期、减小规模效益影响。
- 效率:提高生产率、减少浪费。
- 适应性:标准尺寸总成、协调合作。
- 学习:不断改善。

三、新产品开发

新产品开发并不仅仅是从纯技术角度理解,产品只要在功能或形态上得到改进与原产品产生差异,并为顾客带来新的利益,即视为新产品。企业新产品开发的实质是推出不同内涵与外延的新产品。

产品的概念十分宽泛,不仅包括有形产品,还包括服务。产品是一个整体概念,包括核心产品、有形产品、附加产品和心理产品 4 个层次。详解参见第十章:市场营销管理。

在进行新产品开发时,创业者不要局限在有形产品的开发,还要关注其外延产品概念的创新。

(一)新产品开发的特征

当今社会,新产品开发呈现以下明显特征:

- 在保障质量的前提下使产品的体积变小、重量变轻。
- 具有多种用途方便购买者使用。
- 具有较强的时代感。
- 在结构和使用方法上方便使用和维修。
- 产品节能、环保。

(二)产品创新的途径

新产品开发从某种意义上讲是产品创新,产品创新有 3 种途径:

- 同一产品开发出了新的用途。
- 使用不同的原材料生产了同样的产品。
- 使用相同的原材料生产相同的产品,但是采用了不同的过程。

(三)新产品开发中的微创新①

对创业组织而言新产品开发是企业生存的关键。新产品开发不仅仅是大企业的事情,对于创业组织,特别是那些没有传统知识和技术的创业组织亦很重要。创业组织如果不创新不一定意味着死亡,但是很难发展。企业的生产管理一般不包含研发部分,但是对于创业组织而言,这两者是有机结合为一体的,因此我们将新产品开发在本章讨论。

创业组织的人力、物力、财力、技术等资源均有限,因此新产品开发中的微创新十分重要。不仅如此,创业者在新产品开发过程中还要关注学习、模仿、借鉴、借助外力等。

1.微创新的概念与特点

当今社会正在逐渐进入一个用户体验为王、消费者驱动的时代。面对同质化的激烈市场竞争,微创新的概念需引起创业者的重视。技术创新可以模仿,用户体验却不可复制,新产品开发不仅仅是技术上的突破,更重要的是顾客如何看待这种变化,例如产品是否使用方便、为自己解决了什么问题、创造了何种价值等。

微创新是指用户体验上的创新,即从用户体验的角度去改善用户使用的体验,从用户使用产品的所有流程开始,在产品上做了一些改进,能给用户创造价值。其实质在于对用户体验的关注和改进,进而以这种用户体验上的单点突破,实现市场的爆发性增长。进行新产品开发要从用户出发,而不是我要用户感觉企业的产品怎样。用户看产品和服务是这个东西怎么用起来很方便很简单,可以为自己解决什么问题和创造什么价值。所以,微小的变化会给用户带来了一种全新的感觉与冲击。一旦打动用户,微创新的力量将十分强大。微创新具有以下特点。

(1)微创新源于用户体验

微创新的理念源于草根创业者产品创新、服务创新的成功实践,是指站在市场的角度针对用户微小需求、需求微小变化的创新,是用户需求导向的创新。微创新是稍微有一点变化,它可能是一个新的产品的体验,也可能是一个小的技术创新,也可能是一个新的商业模式。微创新让用户使用起来更方便、更简单、更便宜、有“面子”、有新鲜感。这个微小的变化给用户带来了一种新的感觉,为企业创造出差异化的竞争优势。

---

① 整理自:百度文库:近几年我国中小企业微创新的研究综述。

(2)微创新具有较强的可获得性

只要用心,随时可以捕捉到微创新机会。同时,微创新具有低成本、低风险的特点,这就为企业持续地开展微创新,甚至将微创新上升到企业战略层面提供了保障。

(3)微创新必须持续不断地进行

微创新的门槛较低,容易被竞争者模仿、跟进,从而使这些差异化再度沦为同质化。因此,微创新体验必须是动态的、持续不断地进行,要从小处着手,不断贴近用户需求;快速出击、不断试错,最终使产品和服务获得市场认可。

(4)微创新自下而上、由外到内

微创新来源于顾客的抱怨、一线员工的反馈、对其他市场出现的类似产品和概念的借鉴、对市场的观察等。一线员工直接与消费者接触,直观地观察消费者对产品和服务的反馈,对于如何提高消费者体验最有发言权。

2.微创新的分类

(1)技术型微创新

微创新中强调的技术要素,是一个微小的点上的突破,或是对也有技术与众不同的创新应用。

(2)功能型微创新

是指通过开发出某种满足用户需求的产品或服务功能,制造出独特用户体验的创新活动。

(3)定位型微创新

通过对产品或服务进行独特的定位,并针对这一定位进行产品设计,达到创新独特用户体验的目的。

(4)模式型微创新

模式型微创新即通过引入新的商业模式,给消费者带来全新独特的用户体验,从而占领并扩大市场。

(5)外观型微创新

是指在产品基本功能保持不变的基础上,仅通过外观设计上的突破,实现打动用户的目的。

(6)包装型微创新

独特的包装,能够创造出独特的用户体验,传递出产品和品牌的独有文化和内涵这就是包装型微创新的价值所在。

(7)服务型微创新

提供贴心周到又有特色的服务，营造出良好的用户体验，是服务型微创新的本质。

(8)营销型微创新

在营销环节采用新的手段，新的形式，新的传播渠道等，带来新的用户体验，从而引爆用户群。

(9)渠道型微创新

让产品在意想不到却又恰如其分的地方和顾客邂逅，这种产品与渠道的反差必然带来客户体验上的改变。

(10)整合型微创新

这是一种持续性的微创新，根据用户和市场的反映，通过对各种微创新元素、各种产品、服务及营销上的细节进行调整和改良，使产品具有长期持续的引爆力。

四、生产质量管理

制造型生产是通过物理或化学作用将有形的输入转化为有形的输出的过程，企业要为客户在保证质量的前提下提供低成本的产品，接到订单后迅速组织生产并按照规定的时间将产品交付给客户。在组织生产时，企业要有应对变化的能力，这些变化包括产品设计特性的改变、客户需求量的增减以及企业提供的产品组合的改变等。

服务性生产只提供劳务，不制造有形产品，生产的同时即被消费掉。服务无法保存、不可能远距离运输，通常要求顾客的高度参与。另外，服务生产过程的生产率难以确定，质量标准难以建立。对服务的需求短期内即可发生，因此需特别重视对人的管理。

生产质量管理可借助于 PDCA 循环进行。PDCA 是质量管理的基本方法，其含义如下：P(plan)——计划；D(do)——执行；C(check)——检查；A(act)——行动，对总结检查的结果进行处理，成功的经验加以肯定并适当推广、标准化；失败的教训加以总结，未解决的问题放到下一个 PDCA 循环里。PDCA 循环周而复始，螺旋上升(图 11-1)。

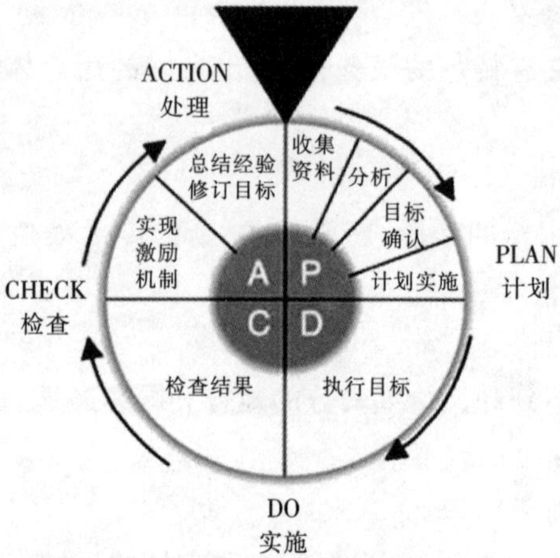

图 11–1 生产质量管理 PDCA 图

五、生产管理工具：制度、流程、表格

生产管理是企业为了实现预期的生产目标，以人为中心进行的协调活动。为了保证生产管理的顺利实施，可借助于制度、流程、表格等工具进行。

（一）生产制度

管理制度一般指要求大家共同遵守的办事规程或行动准则。不同企业、不同行业的生产管理工作涉及内容各不相同，因此具体生产管理制度亦不相同。与生产管理有关的制度包括工艺纪律检查考核制度、机器设备操作规则与维修养护、工人安全生产规程、物料与采购管理细则、需求单审批管理规定、委托制造、外加工管理规定、物资供应采购管理规定、仓库安全要求、进料验收管理办法、发料作业管理办法等。

（二）业务流程

制度规定了员工的行动准则或者说其工作内容，如果员工在做这些工作的时候没有受一个客观、合理的工作流程所引导，会出现工作过程不规范、具有主观随意性、人与人、部门与部门之间的工作缺乏协调、出现问题互相推诿、员工行动失去监督等。如果一个企业出现了有制度不依，执行制度不严谨的情况，那就应当认真地审视工作流程是否健全合理。一个优化的制度应当具有自我能动实施的动力和手段，而工作流程是这种动力和手段的主要来源。工作流程的种类根据企业具体情况不同确定。

工作流程是为达到特定的价值目标而由不同的人分工共同完成的一系列活动。活动之间不仅有严格的先后顺序限定，而且活动的内容、方式、责任等也都必须有明确的安排和界定，以使不同活动在不同岗位角色之间进行转手交接成为可能，活动与活动之间在时间和空间上的转移可以有较大的跨度。表11-1是工作流程的元素表。

表 11-1 工作流程的元素表

工作序号	工作内容	工作承担人	职位	权限	工作方法	备注
1						
2						
3						
4						

(三)表格

表格是用来辅助生产管理工作的进行，包括生产计划综合报表、月份产销计划汇总表、产销计划拟定表、生产效率分析表、售后服务报告表、产品质量问题分析表、产品质量检测报告表、产品采购记录表、请购、验收付款流程、采购程序及准购权限、订购确定或更改通知单、采购程序及准购权限表、盘点盈亏汇总表、库存管理明细表、库存金额统计表、在制品存量月报表等。

在生产管理工具的运用时，根据具体情况，有的 3 种工具都要使用，有的使用一两种即可。

小结

1. 在使用管理工具时，通过在百度上键入关键词，如餐厅管理制度等，获得管理制度、流程和表格的样本，结合本企业情况稍加改进。

2. 新产品开发中要注重市场调查与分析。

3.对创业组织而言，生产管理与微创新有机结合更为重要。

实 训

实训目的

1. 熟悉生产管理的关键要素。

2. 训练用思维导图进行新产品开发。

实训一：新产品开发

开展一项比赛：针对本团队的创业项目，用10分钟的时间询问本组以外的人员关于新产品开发的建议，然后用10分钟的时间借助思维导图进行新产品开发。

评比标准：①团队获取新产品改进新的建议数量；②获取信息的渠道数量；③给出5分钟时间全班评比最佳新产品开发的创意（该过程可以反复进行，以训练学生的组织能力）。

实训二：生产计划训练

某玩具公司生产部的员工，生产飞机和轮船玩具。本实训是通过组织一个生产管理的游戏，体验在经营活动中计划的作用。①

一、游戏程序

1.游戏时间总共有50分钟，其中30分钟是计划时间，20分钟是生产时间。

2.在30分钟的计划时间内，大家可以分配资源、分析订单、计划生产程序、计划定购材料、安排员工培训。

3.指导教师会于计划时间开始10分钟后安排一个叠轮船的培训，使学员熟练生产轮船的方法和程序以满足订单的生产要求。

4.所有完成的产品必须连同填写好的订单交给培训员。

二、游戏规则

1.游戏的时间是模拟从星期三到下星期一，当中包括一个星期六。如果有需要的话，可以安排星期六加班。

2.每天相当于5分钟，游戏时间共计25分钟。每5分钟结束，指导教师宣布

① 改编自百度文库中“500强企业管理培训互动游戏100例”，游戏16：大塘玩具公司。

当天的生产工作结束。一定时间后,指导教师会宣布新一天的开始。

3.必须完成当天的订单,才可以开始新一天的生产。

4.生产的邮轮数量必须占到总产量的50%以上。

三、其他规则

准时交货的订单,会得到全款;

延迟一天交货的订单,会得到半价的货款;

延迟一天以上的订单,会被拒收;

生产材料可向指导教师采购,所有材料需要一天的时间送到你的工厂(4分钟);

游戏开始时,各组会有两张彩纸和两个包装袋;

即使只有一个员工加班,主管也必须回到工厂监督管理。

以下两张表格分别为产品售价和生产资源与成本。

产品类型	旧订单		新订单	
	准时交货	延迟交货	准时交货	延迟交货
长城号邮轮	每艘4元	每艘2元	每艘6元	每艘3元
红旗号飞机	每架6元	每架3元	每架8元	每架4元

资源	用途	成本
彩色纸张	用于生产轮船,每张纸可生产两艘轮船。彩色纸张共有两种颜色,每种颜色代表一种邮轮	每张4元
包装袋	用于包装轮船,每个订单只需一个包装	每个4元
员工加班费	如需星期六加班	每人每天5元

四、总结

在各组人数相同的情况下,比赛结束后计算各组的总金额,多者为胜。讨论为什么比赛结果会出现不同,应该如何改进生产管理。

第十二章 财务管理

本章要点

1. 个体工商户账务处理。
2. 三张重要财务报表及其解读。
3. 财务状况分析。
4. 财务管理中应注意的几个问题。
5. 财务管理流程及制度。

一、案例导入①

小王大学毕业,决定自谋职业。和家人商量后,决定开一家小型软件开发公司。开公司需要创业资金,小王通过以下渠道筹集了100 000元:其中家庭投入50 000元、同学借款30 000元、银行贷款20 000元。

上述资金都存在银行,其之间的相互关系可以用一个恒等式表示:

银行存款 (100 000元)=家庭投入50 000元+银行贷款20 000元+同学借款30 000元

上述恒等式,如果用会计语言表达,即为:资产=所有者权益+负债

资产:银行存款100 000元,是小王能够控制的给自己带来经济利益的资源。

负债:银行贷款20 000元和同学借款30 000元,是小王承担的未来经济利益流出的义务。

所有者权益:家庭投入(本钱)50 000元,属于小王自己所拥有的权益,为资产减去负债之后的差额。

① 摘录自:一个故事 讲完会计,杨肃昌的博客 http://blog.sina.com.cn/s/blog_70205bdf0101a8bw.html,登录于2013年3月20日。

公司经营后，银行存款用于多方面开支，有 60 000 元从银行存款中划出，30 000 元买设备，20 000 元买材料，另提取现金 10 000 元备用。无论怎么变化，上述恒等式不变。即：

资产 1 000 000 元（设备 30 000 元+材料 20 000 元+现金 10 000 元+银行存款 40 000 元）=所有者权益 50 000 元+负债 50 000 元

其中：设备使用期限在一年以上，价值大、流动性弱，称之为“固定资产”；材料一次领用然后一次性消耗，流动性较强，称之为“流动资产”；现金和银行存款的流动性最强，也叫“流动资产”。

上述恒等式可表达为：

固定资产 30 000 元 + 流动资产 700 000 元 = 所有者权益 50 000 元 + 负债 50 000 元

年底，小王算了算公司开业以来的经营情况，有收入 50 000 元；支出材料费、人工费、房租费等 20 000 元。于是，利润 30 000 元 = 收入 50 000 元 – 费用 20 000 元。同时，12 月 31 日小王发现公司的资产状况也有了新的变化：

资产=设备 60 000 元+银行存款 70 000 元=130 000 元

如果此时小王公司的负债和所有者权益还是最初数，那么恒等式该如何表达？

即：资产 130 000 元=负债 50 000 元+所有者权益 50 000 元+？

显然等式右边的差额 30 000 元，即为小王公司实现的利润，这部分利润应该是归属于小王的新增权益。因此，恒等式即为：资产=负债+所有者权益（本钱+利润）；用会计语言表示，即资产=负债+所有者权益（实收资本 50 000 元+未分配利润 30 000 元）。会计核算的原理以及资产负债表就是建立在这个恒等式上。

“资产=负债+所有者权益”说明：某一天，小王有多少资产，还欠人家多少钱，自己有多少本钱。这反映了小王的财务状况。

“利润=收入–费用说明”说明截至某一段时间，小王盈利多少。这反映了小王的经营成果。

会计上，把上述表达财务状况、经营成果的项目，叫做“会计要素”，即：资产、负债、所有者权益、收入、费用。

小王公司的业务发展很快，公司的资产、负债、所有者权益、收入、费用增多、很复杂。为了详细、全面、系统地进行记录和反映，就应该对会计要素进行分类，给每一类一个名称，用会计语言就是“会计科目”。

只要有经济业务发生，就会引起相关会计要素及其会计科目数据的变化。我们把记载经济业务发生时取得或填制的书面文件称为原始凭证。把整理原始凭证并以此记入到相应账户(账簿)中去的书面文件即为记账凭证。而账户(账簿)是具有一定格式的以会计科目为名称的书面文件,专门记录“科目”名下的数据增减变动的。期末,账户(账簿)数据的汇总形成会计报表。

会计最基本、最关键的工作是依据原始凭证按会计科目编制记账凭证,运用的方法是复式记账法，常见的是复式记账法中的借贷记账法，即以“借”和“贷”为记账符号的复式记账法。

之后,依据编制好的记账凭证,把数据登记到相关会计科目名下的账簿中去。期末,整理汇总账簿,再编制会计报表。

会计程序:经济业务——原始凭证——记账凭证——账簿——会计报表。

简单说,会计就是一种记录和报告经济业务的一种工作,包括记账、算账、报账,以及管账、用账。

记账:运用复式记账法,从原始凭证——记账凭证——账户。

算账:处理和总结账户数据,包括成本计算。

报账:根据账户综合数据,编制会计报表。

会计核算(记账、算账、报账)的基本方法,是按照会计程序安排的,共有:设置账户、复式记账、填制和审核会计凭证、登记账簿、成本计算、财产清查、编制报表。第一个字取谐音,形成一个顺口溜:“是否天灯成彩编？”

会计是一个信息系统,输入信息是最关键的,目前电算化会计系统下,哪个方法最为关键？就是填制和审核会计凭证,核心内容是编制记账凭证,即利用复式记账编制“会计分录”,之后就是数据输入和系统自动处理数据和信息(报表)输出的问题。

概念总结:

- 资金:财产物资的货币表现及货币本身。
- 资金运动:能够以货币表现的经济活动,即会计对象,也是会计所核算和监督的内容。资金运动的静态表现是“你今天有多少钱”,说明资金状况(或财务状况),资产=负债+所有者权益。资金运动的动态表现为“你截至今天挣了多少钱”,说明资金效益(或经营成果),利润=收入-费用。
- 会计要素:指对会计对象内容(资金运动)所做的基本分类。

其中静态要素有资产、负债、所有者权益;动态要素包括收入、费用。

• 会计科目：对会计要素进行分类核算的标志或项目。

• 账户(账本、账簿)：具有一定格式的以会计科目为名称的工具，专门记录"科目"名下的数据。

• 会计核算方法，就是围绕记账、算账和报账的程序与方法，共有"是否天灯成彩编"。核心的编制会计分录，必须掌握复式记账。

• 会计基本等式：是指会计要素之间所存在的在总额上保持必然相等的一种关系式，是企业财务状况与经营成果的表达式，又叫会计恒等式。

基本等式：资产=负债+所有者权益

扩充等式：资产=负债+所有者权益+(收入-费用)；或：资产=负债+所有者权益+利润(-亏损)

• 资产负债表：根据账簿数据编制的按"资产=负债+所有者权益"原理建立起来的用于说明公司某一时点资金状况(或财务状况)的会计报表。

• 利润表：根据账簿数据编制的按"利润=收入-费用"原理建立起来的用于说明公司某一时期经营成果的会计报表。

• 现金流量表：根据账簿数据编制的，按"现金流量净额=现金流入-现金流出"原理建立起来的用于说明公司某一时期现金流量的会计报表。

几年后，小王公司越做越大。作为董事长，他要每个月末看到由财务部递交上来的会计报表(月报)，每个季末看季度会计报表(季报)，半年过后看半年报，年末看全年的年度会计报表(年报)。通过看这些报表可以了解公司财务状况(通过资产负债表)，经营成果(通过利润表)和现金流量变动情况(现金流量表)。

二、个体工商户账务处理

(一)账务处理及其意义

个体工商户是常见的创业形式，其不必按照会计法规定进行复杂的会计处理，但经营过程中，创业者应有意识地区分经营收支和家庭收支，对于经营收支进行账务处理。账务处理是指通过建立现金、银行存款日记账，并配合使用简单的财务软件，记录每日经营业务明细。创业者还可以利用账务处理结果对经营收支进行分析，不需要了解晦涩的财务语言就可以实现简单的企业财务管理。

创业者进行账务处理可以：

• 全面提升进货、销售、入库、出库等业务的工作效率。

• 避免手工管理容易导致的人为差错。

• 准确掌握每天的进货、销售、库存、现金、回款、往来费用等经营情况。

• 便利创业者快速、准确地进行相关信息的查询与统计，明晰企业经营状况。

(二)如何进行账务管理

1.利用财务软件实现账务处理：以“管家婆”为例

创业组织的账务处理可以通过免费财务软件实现，这些软件简单实用，例如管家婆、金蝶智慧记、金蝶 KIS 店铺标准版、衣管家、医快通、饭店先生餐饮管理软件、易商通等。上述财务软件针对不同的行业，具有类似的功能。例如，金蝶 KIS 店铺标准版针对小型零售店，衣管家针对服装店，医快通针对小诊所，饭店先生餐饮管理软件针对餐饮行业。

下面以管家婆创业版为例，向创业者介绍企业常见的账务处理。

管家婆创业版包括 5 个主菜单栏，基本资料、业务录入、报表查询、其他功能、系统管理。其中，其他功能菜单是该软件提供的插件，包括日历、计算器及系统锁定三项功能；系统管理菜单主要包括密码设定、恢复数据、检查更新及权限设置等功能，操作简单，不再缀余，以下详细阐述基本资料、业务录入和报表查询菜单栏的主要功能。

(1)登记企业基本资料(参见图 12-1)

基本资料主菜单下包括 6 个分菜单：

• 商品信息菜单用于填写商品编号、名称、单位、条码、规格、型号等商品基本信息。

• 职员信息菜单用于填写职员编号、姓名、生日、电话、地址等职员基本信息。

• 单位信息菜单用于填写单位各部门的名称、电话等信息。

• 结算账户菜单用于填写企业拥有的现金、银行账户的名称、余额信息。

• 仓库信息菜单用于填写仓库的编号、名称、地址、电话等信息。

• 收支项目菜单中，创业者可以根据自己经营业务，按照自己的使用偏好编辑收入、支出项目的类别名称。收入类项目的主要类别包括：营业收入、利息收入和其他收入。支出类项目一般包括：营业成本、销售费用(即为销售商品发生的各项费用，如包装费、运输费、广告费、装卸费、差旅费等)和管理费用(即为组织和管理企业发生的各项费用，如职工工资福利、办公用品、水电费、通讯费、招待费等)。

图 12–1　基本资料菜单

(2)记录基本业务(参见图 12–2)

业务录入菜单是管家婆软件的核心部分,包括销售单、销售退货单、零售单、进货单、进货退货单、收款单、付款单、收入单、支出单、经营历程、调拨单、其他入库单、其他出库单 13 个子菜单。

图 12–2 第一行 5 个菜单的主要功能针对于企业库存管理:

• 企业销售商品时,可能分为批发和零售,批发时填写销售单,零售时填写零售单。

• 销售后发生退货时填写销售退货单。

• 进货时填写进货单。

• 进货后退货给供销商时填写进货退货单。

这些单据的内容主要包括购买(或供货)单位、经手人、发货(或收货)仓库、商品编号、名称、数量、单价、金额、收款(或付款)账户等,表格类似,填写非常简单,图 12–1 为销售单样本。

图 12–2 第二行 4 个菜单的主要功能针对于企业资金管理:

• 收款时填写收款单。

• 付款时填写付款单。

• 取得收入时按照收入项目类别填写收入单。

• 支出时按照支出项目填写支出单。

收款单和付款单除了填写一些基本信息外,需要填写账户编号、名称,支付款金额；收入单和支出单需要填写收入(支出)项目的名称、金额。图 12–2 为企业经营情况样本。

图 12–2 最后一行的 4 个菜单：

• 经营历程记录企业的所有单据，创业者可以根据日期、单据编号查询.

• 调拨单主要应用于企业商品在不同仓库之间调转时使用。

• 其他入库单、其他出库单与销售单和进货单的格式相似，记录企业主营商品以外的商品出库、出库情况。

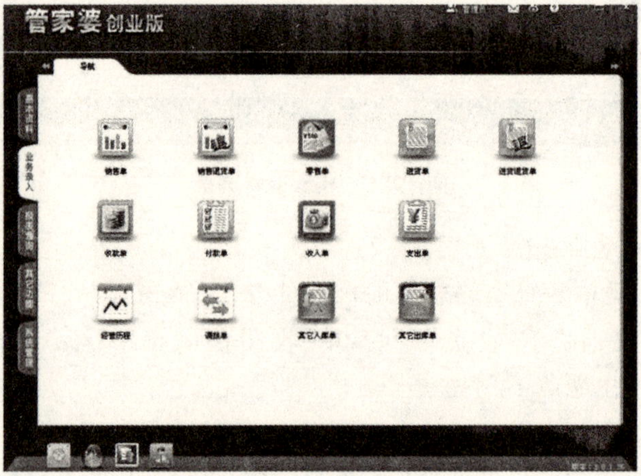

图 12–2　业务录入菜单

(3)进行报表查询(参见图 12–3)

按照每日发生的业务记录后，软件会自动生成各类报表，包括销售排行榜、销售分析、零售查询、进货统计、利润统计、往来分析、收支项目表、回款统计、结算账户查询、库存状况、其他出入库统计。

• 图 12–3 第一行 4 个菜单可以让创业者了解企业主营商品的销售、进货状况，根据不同产品的销售水平安排进货，防止商品积压。

• 利润统计表可以按照销售部门或销售员统计利润的构成，有助于创业者了解企业各销售部门状况，也可以作为职工薪资升降的依据。

• 往来分析是企业赊销、赊购的基本情况，提示创业者及时收付欠款，增加企业信用，并对于一些坏账做出处理。

• 收支项目显示收入、支出项目按类别划分的明细情况。

• 回款统计反应不同赊销单位的欠款余额。

●结算账户查询可以查询不同结算账户的余额和明细。

●库存状况和其他出入库统计记录每个仓库的库存信息,为良好的仓储管理建立依据。

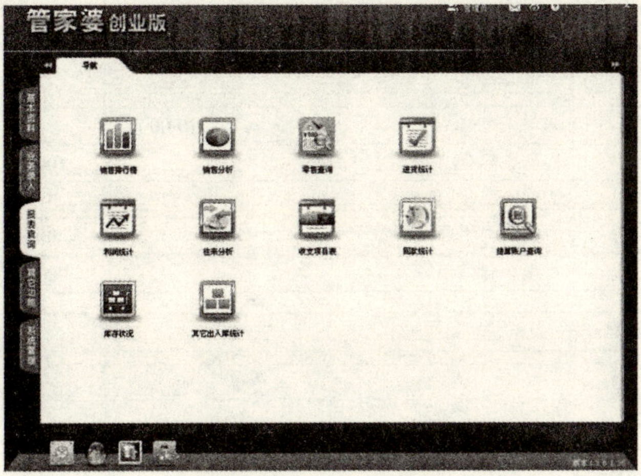

图 12-3 报表查询菜单

2.利用企业日记账实现账务处理

企业日记账又称流水账,用于记录与现金、银行存款相关的业务,于业务发生时随手登记,并每日计算余额。企业日记账适用范围如下:

●企业业务简单,创业者受教育程度较低,无法操作财务软件时,可以只单独设置日记账。

●创业组织发展到一定规模,通常不再由创业者本人或亲属从事出纳、账务处理工作,而是雇佣专门职员,此时创业者有必要在使用财务软件的同时,设立一套日记账,与财务软件记录的信息进行定期核对,监督职员工作,保证企业资产安全。

企业可以利用 EXCEL 软件进行操作,将经济业务按时间顺序清晰地反映在账簿记录中。例如企业有现金、工商银行、中国银行 3 个结算账户,那么创业者需要分别设置现金日记账、工商银行存款日记账、中国银行存款日记账。以下是一个例子:

罗斯花店 2013 年 1 月 31 日现金结余 5000 元;2013 年 2 月 1 日,罗斯从父亲处借来 10 000 元,用现金从李氏批发部购来 1000 元的花卉;从王氏批发部购来价值 500 元的花盆和货架;她从旧货市场花了 4000 元添置了一辆二手厢式货车；将现金9000元存入工商银行。2013年1月31日工商银行存款余额50 000元;2月1日收到客户电汇购花款888元。

现金日记账					
2013年		摘要	收入	支出	余额
月	日				
2	1	上月结余	5000		5000
2	1	借入资金	10 000		15 000
2	1	购进鲜花		1000	14 000
2	1	购入花盆、货架		500	13 500
2	1	购入二手厢式货车		4000	9500
2	1	现金转出银行		9000	500

工商银行存款日记账					
2013年		摘要	收入	支出	余额
月	日				
2	1	上月结余	50 000		50 000
2	1	收入花款	888		50 888
2	1	现金转入银行	9000		59 888

三、三张重要财务报表及其解读

(一)三张财务报表的关系

创业者如果按照公司法成立公司,就需要组建财务部门或者委托代理会计机构进行账务处理,编制财务报表。企业编制财务报表的原因在于:

• 税务局要求企业每月进行纳税申报,需要提交财务报表。

• 企业进行融资时,银行需要通过财务报表了解企业信用状况。

• 企业与合作伙伴谈判时,对方常常通过财务报表决策是否与公司进行合作。

• 企业发展到一定规模,创业者雇佣专业管理人员管理公司,管理权与经营权的分离更需要创业者通过查看财务报表监督企业运营情况,保障企业资产安全。

企业的财务工作可以聘任专门的会计职员,也可以雇佣代理记账公司。初创企业,公司规模小、业务少,很难聘任有经验的会计职员,此时建议创业者雇佣代理记账公司进行账务处理,这样便可以较低的成本获得专业的服务,并取得企业税务筹划的一些建议。

创业者或其聘任的员工必须将一些原始凭证，即购货发票、打车票、餐饮发票等交给财务部门或代理记账公司，会计经过一系列账务处理反馈给创业者的是三张财务报表：资产负债表、利润表和现金流量表。

资产负债表是时点报表，利润表和现金流量表都是一段期间的报表，图12-4表示三张报表的时间关系。

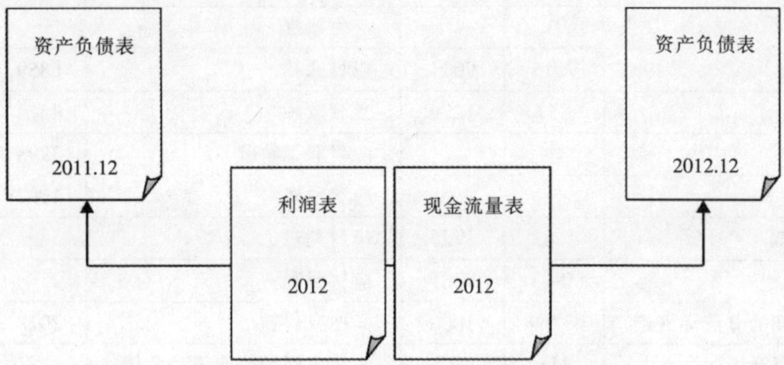

图 12-4 资产负债表、利润表、现金流量表的时间关系

（二）资产负债表

资产负债表是反映企业在某一特定日期的财务状况的报表，即企业当前有多少资产及负债。资产负债表分为资产、负债和所有者权益两大区块，资产一侧揭示公司的资产及其分布结构，资产是企业拥有或控制的、具有价值的资源，也代表企业资金的用途。负债和所有者权益一侧，揭示公司的资产来源及其构成，负债是企业的借款，所有者权益是企业自有资金。图12-5为资产负债表的简单示例。完整的资产负债表见表12-1，以某酒店为例。

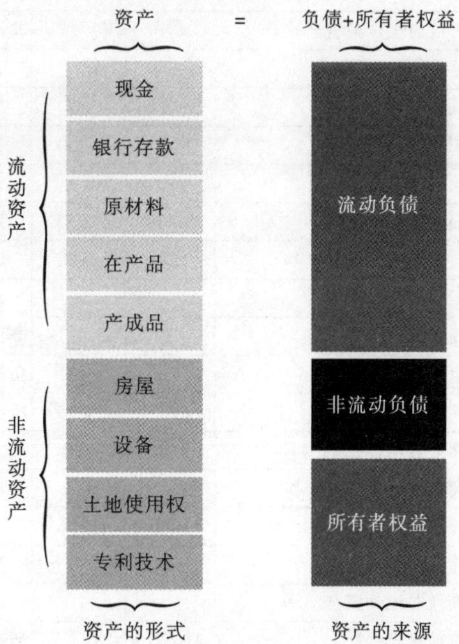

图 12-5 资产负债表简单示例

表 12-1　资产负债表

编制单位:B 酒店　　　　2012 年 12 月 31 日

单位:元

资产	期初	期末	负债和所有者权益	期初	期末
流动资产:			流动负债:		
货币资金	4213	5968	短期借款		
交易性金融资产	1000	1890	交易性金融负债		
应收票据			应付票据		
应收账款	7915	9093	应付账款	6859	5981
预付款项	857	1279	预收款项	4328	3158
应收利息			应付职工薪酬	3298	3871
应收股利			应交税费	1107	1311
其他应收款	1583	1725	应付利息		
存货	5843	7001	应付股利		
一年内到期的非流动资产		1000	其他应付款	2018	2622
其他流动资产	316	267	一年内到期的非流动负债		500
流动资产合计	21 727	28 223	其他流动负债	146	517
非流动资产:			**流动负债合计**	17 756	17 960
可供出售金融资产			非流动负债:		
持有至到期投资			长期借款		
长期应收款			应付债券		
长期股权投资	5000	4000	长期应付款	3582	3081
投资性房地产			专项应付款		
固定资产	206 794	232 837	预计负债		
在建工程	1586	2158	递延所得税负债		
工程物资			其他非流动负债		
固定资产清理			**非流动负债合计**	3582	3081
生产性生物资产			**负债合计**	21 338	21 041
油气资产			所有者权益:		
无形资产	1200	850	实收资本	197 000	197 000
商誉			资本公积		
长期待摊费用	1495	1286	减:库存股		
递延所得税资产			盈余公积	1963	4266
其他非流动资产			未分配利润	17 501	47 047
非流动资产合计	216 075	241 131	**所有者权益合计**	216 464	248 313
资产总计	237 802	269 354	**负债和所有者权益总计**	237 802	269 354

分析资产负债表，首先要看资产总额，了解企业目前资金利用的基本情况及企业未来发展实力。然后分析资产的结构，即流动资产占多少，非流动资产占多少，比对企业所在的行业特点，对资产进行管理。

流动资产包括现金、银行存款、各种商品、生产原料、购货方欠款等。流动资产具有周转期短、形态易变的特点，反应企业资产变现能力、实际流动性与质量。拥有较多的流动资产，可以在一定程度上降低企业的财务风险。

非流动资产包括长期投资、设备、房屋、电脑、办公家具、专利技术等，非流动资产占用资金多、企业持有时间长。长期投资反映企业从事的是实业投资还是股权债权投资，是否存在新的利润增长点或潜在风险；固定资产、工程物资、在建工程在不同期间的变动，反应企业固定项目的消长趋势；无形资产与其他资产反映公司资产的潜质。

负债是企业的欠款，合理利用负债，可以为企业经营争取更大利益。偿还负债，需要企业准备现金或银行存款，因此创业组织要加强对负债的管理和关注，以避免因无法偿还负债产生的财务风险。

负债根据年限是否超过一年划分为流动负债及非流动负债，流动负债融资速度快、灵活性强、成本低；但流动负债必须通过支付现金、银行存款在短期内偿还，无法偿还时可能造成企业破产，比如无法支付职工工资、无法支付供销商货款、无法偿还银行借款等景况，故此其风险较大。非流动负债取得困难但风险偏小。企业应合理安排负债结构，使负债与资产相对应。

所有者权益是指企业资产扣除负债后由所有者享有的剩余权益，资产负债表左右方最重要的关系是“资产=负债+所有者权益”。根据资产、负债、所有者权益的恒等关系，如果企业负债比重高，相应的所有者权益就低，说明主要靠债务“撑大”了资产总额，真正属于企业本身的财产(即所有者权益)不多。

另外，大体了解资产、负债、所有者权益的主要状况后，创业者可以通过对资产负债表中每项指标期初数与期末数的对比，观察资产、负债、所有者权益的动态变化，进一步分析公司经营管理水平及发展前景与后劲。

(三)利润表

利润表表明企业在一段时间内，比如一个季度或是一年中的营业收入、营业成本、期间费用以及盈利或亏损的情况。利润表包含 3 个要素：收入、费用、利润，主要关系是利润=收入-费用。图 12-6 为利润表的实现过程示例，表 12-2 为 B 酒店的利润表。

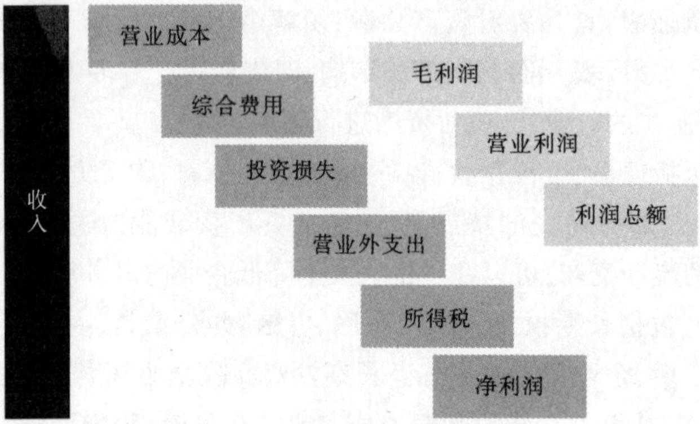

图 12-6 利润表图例

表 12-2 利润表

编制单位:B 酒店　　　　2012 年 12 月

单位:元

项目	本月数	本年累计数
一、营业收入	20 292	246 918
减:营业成本	4343	52 129
营业务税金及附加	1120	12 589
营业费用	9371	122 465
管理费用	1473	18 450
财务费用	-1	-14
资产减值损失		
加:公允价值变动损益(损失以"-"号填列)		
投资收益(损失以"-"号填列)	316	2568
二、营业利润(亏损以"-"号填列)	4302	43 867
加:营业外收入	22	242
减:营业外支出	12	11
四、利润总额(亏损总额以"-"号填列)	4312	44 098
减:所得税费用	1423	14 552
五、净利润(净亏损以"-"号填列)	2889	29 546

利润表中收入的主要来源包括:营业收入、投资收入和营业外收入。

营业收入是指企业在从事销售商品,提供劳务和让渡资产使用权等日常经营业务过程中所形成的经济利益的总流入。营业收入是企业的主要经营成果,是取得利润的重要保障,也是企业现金流入的重要组成部分。

投资收入包括两部分:公允价值变动损益及投资收益。公允价值变动损益是指企业投资的股票、债券、房地产等在市场上因升值而产生的收益。投资收益是企业对外投资所取得的利润、股利和债券利息等收入。

营业外收入是指与企业生产经营活动没有直接关系的各种收入,类似于“天上掉馅饼”,例如政府补助、企业的欠款债权人不要求偿还等。

利润表中的费用包括:营业成本、期间费用、投资损失、营业外支出和税款。

营业成本是指企业所销售商品或者提供劳务的成本,例如生产企业中与生产商品直接相关的材料、人工、制造费用,零售批发企业的进货成本等。

期间费用包括销售费用、管理费用、财务费用、资产减值损失。销售费用是与销售有关的费用,比如销售人员工资、运输费、包装费以及广告费等;管理费用是管理部门发生的所有费用,包括工资、业务招待费、水电费、通讯费等;财务费用指借款的利息费用;资产减值损失是指资产发生减值时计提的费用,例如设备、专利技术等过时而产生的损失。

营业外支出是指企业发生的与其生产经营无直接关系的各项支出,例如罚款、天灾人祸损失等。

税款包括营业税金及附加、所得税,营业税金及附加是指交给国家的营业税、消费税、城建税、教育费附加、土地增值税所得税费用等;所得税是指企业盈利后缴纳国家的所得分成。

分析利润表可以帮助创业者:

- 衡量和管理企业获利能力。
- 分析成本构成,在必要时设法降低成本。
- 确定应削减经费开支的领域。
- 确定应增加投资的领域。
- 观察利润各季度或各年度的运动规律。

(四)现金流量表

现金流量表反映以现金(含库存现金及银行存款)和现金等价物(一般指3个月内可变现、价值变动风险小的投资)为编制基础,反映企业一定期间的现金及现金等价物流入、流出以及净流量增减变动情况的财务报表。以某酒店为例,见表12-3。

表 12-3 现金流量表

编制单位:B 酒店

2012 年 12 月

单位:元

项目	本期金额
一、经营活动产生的现金流量	
销售商品、提供劳务收到的现金	246 131
收到的税费返还	
收到的其他与经营活动有关的现金	243
现金流入小计	246 374
购买商品接受劳务支付的现金	55 838
支付给职工以及为职工支付的现金	23 865
支付的各项税费	26 939
支付的其他与经营活动有关的现金	109 724
现金流出小计	216 366
经营活动产生的现金流量净额	30 008
二、投资活动产生的现金流量	
收回投资所收到的现金	
取得投资收益所收到的现金	2258
处置固定资产、无形资产和其他长期资产所收回的现金净额	
收到的其他与投资活动有关的现金	
现金流入小计	2258
购建固定资产、无形资产和其他长期资产所支付的现金	32 209
投资所支付的现金	890
支付的其他与投资活动有关的现金	
现金流出小计	33 099
投资活动产生的现金流量净额	-30 841
三、筹资活动产生的现金流量	
吸收投资所收到的现金	
取得借款所收到的现金	
收到的其他与筹资活动有关的现金	15
现金流入小计	15
偿还债务所支付的现金	
分配股利、利润和偿付利息所支付的现金	
支付的其他与筹资活动有关的现金	
现金流出小计	
筹资活动产生的现金流量净额	15
四、汇率变动对现金的影响	
五、现金及现金等价物净增加额	-818

现金流量表包括 3 个主要部分:经营活动现金流量、投资活动现金流量、筹资活动现金流量。

经营活动现金流量是指企业从事日常经营所产生的现金流入和流出。例如企业销售商品收到的现金、税务局返还的税费属于经营活动现金流入；企业购买商品支付的现金、支付给职工的工资、支付的各项税费、购买办公用品等，属于经营活动现金流出。

投资活动现金流量是指企业长期资产(通常指一年以上)的购建及其处置产生的现金流入、流出。例如购置厂房、设备、专利技术、长期投资等支付的现金属于投资活动现金流出；处置这些长期资产取得现金属于投资活动现金流入。

筹资活动现金流量是指导致企业所有者权益及负债的规模和构成发生变化的活动所产生的现金流入、流出。例如，银行借款取得的现金属于筹资活动现金流入；支付银行借款利息、偿还借款属于筹资活动现金流出。

现金流量表可以帮助创业者：

- 反映企业的现金流量，评价企业未来产生现金净流量的能力。
- 评价企业偿还债务、支付投资利润的能力，谨慎判断企业财务状况。
- 分析净收益与现金流量间的差异，并解释差异产生的原因。
- 通过对现金投资与融资、非现金投资与融资的分析，全面了解企业财务状况。

现金流量是企业生存的“命脉”，企业通过对现金流量规模与结构等的密切关注，能够正确分析企业在不同时期的支付能力，客观评价企业的经济实力，优化企业决策行为，从而达到未雨绸缪，防范和化解破产风险，提升企业价值的目的。因此，在创业组织管理中，关注现金流量应该是企业经营管理的重点。

以下几种方法可以帮助创业者改善和维持企业的现金流：

- 促进客户偿付速度，提供让利加速偿付。
- 与偿付信誉好的客户多做生意。
- 避免与偿付信誉差的客户打交道。
- 使用实物交换而不是现金。
- 与代理公司开展业务往来，因为代理公司会垫付部分欠款并负责代收现金。
- 放慢付款给供应商的速度。

这并不是单纯地拖延兑现货款的时间，否则供应商会拒绝发货、把企业列入黑名单或告上法庭，而是尽量与供应商商榷对企业更有利的付款期限。

企业如果有积压商品，尽量廉价出售。如果企业无法达到“即时”库存管理系统的要求,那就争取做到“尽量即时”,不让存货占用企业大量现金。

如果企业有几笔贷款,创业者应检查每一笔的利率和期限。可以将两笔或多笔贷款合并为一笔利息较低的款项以改善现金流。

四、企业财务状况分析

(一)创业者的财务思维能力

良好的财务管理,可以帮助创业者清晰企业财务状况、经营成果及现金流量;规避财务风险,权衡投资得失,及时做好纳税筹划。分析企业财务状况,首先要求创业者要总体把握企业经营状况, 即了解企业日常经营中的基本数据,例如企业资产规模、负债水平、收入、费用及利润状况等。其次,创业者要了解财务数字之间的关系,善于通过报表中一个数字的变化,判定与此项目有关的其他方面的变化。再次,创业者在做决策时,不要只判断是非,而应判断结果,永远把数和事件连起来衡量。例如,企业利润下降时,创业者要考虑是产品定价低了,还是产品进货成本高了,或者是企业管理部门费用花销不合理,由此进一步分析应通过改进哪些措施,提高利润。最后,创业者要有系统思维能力,善于利用财务指标的作用力,把整个企业的财务指标分解为各个部门的责任指标,再将其分解到各个岗位上的指标。

(二)财务报表分析意义及方法

财务报表能够全面反映企业的财务状况、经营成果和现金流量情况,但是单纯从财务报表上的数据还不能直接或全面说明企业的财务状况,特别是不能说明企业经营状况的好坏和经营成果的高低,只有将企业的财务指标与有关的数据进行比较才能说明企业财务状况所处的地位,因此要进行财务报表分析。

做好财务报表分析工作,可以正确评价企业的财务状况、经营成果和现金流量情况,揭示企业未来的报酬和风险;可以检查企业预算完成情况,考核经营管理人员的业绩,为建立健全合理的激励机制提供帮助。

适用于创业组织的财务报表分析方法主要包括:单个年度的财务比率分析、不同时期的比较分析、与同业其他公司之间的比较分析,三种方法通常配合使用,以分析公司财务状况。首先,计算得出单个年度财务比率;然后将本公司不同时期的财务比率进行对比,揭示企业发展趋势;与同业其他公司之间的比较分析,需要创业者随时关注同业竞争者的信息,尤其是本行业领先企业、上市公司,比较本公司财务比率与行业标准的差异,分析差异原因及解决途径。

(三)财务报表分析的主要内容

企业财务报表分析通常包括以下三方面主要内容:

● 分析企业的偿债能力,分析企业权益的结构,估量对债务资金的利用程度。

● 评价企业资产的营运能力,分析企业资产的分布情况和周转使用情况。

● 评价企业盈利能力,分析企业利润目标的完成情况和不同年度盈利水平的变动情况。

这3个方面互相联系,互相补充,可以综合地描述出企业生产经营的财务状况、经营成果和现金流量情况,以满足不同使用者对会计信息的基本需要。其中偿债能力是企业财务目标实现的稳健保证,而营运能力是企业财务目标实现的物质基础,盈利能力则是前两者共同作用的结果,同时也对前两者的增强其推动作用。

1.偿债能力分析

偿债能力是指企业用其资产偿还长期债务与短期债务的能力,是反映企业财务状况和经营能力的重要标志, 包括短期偿债能力和长期偿债能力两方面。债权人一般要求企业保持一定资产负债水平,分析偿债能力的参考指标一般具有标准值。

短期偿债能力是指企业以流动资产偿还流动负债的能力,反映企业偿付日常到期债务的能力,是衡量企业当前财务能力,特别是流动资产变现能力的重要指标。分析短期偿债能力的主要财务比率包括:流动比率、速动比率、现金比率。

(1)流动比率=流动资产/流动负债×100%

流动比率表示每1元流动负债有多少流动资产作为偿还的保证,一般情况下,该指标越大,表明公司短期偿债能力越强。通常,该指标在200%左右较好。

(2)速动比率=(流动资产-存货)/流动负债×100%

速动比率表示每1元流动负债有多少速动资产作为偿还的保证,进一步反映流动负债的保障程度。由于种种原因存货的变现能力较差,因此把存货从流动资产中减去后得到的速动比率反映的短期偿债能力更令人信服。一般情况下,该指标越大,表明公司短期偿债能力越强,通常该指标在100%左右较好。但是,行业对速动比率的影响较大。比如,零售商店几乎没有应收账款,比率会大大低于1。

(3)现金比率=(现金+现金等价物)/流动负债×100%

表示每1元流动负债有多少现金及现金等价物作为偿还的保证,该指标能真实地反映公司实际的短期偿债能力,该指标值越大,反映公司的短期偿债能力越强。但如果这个比率过高,可能意味着企业拥有过多的盈利能力较低的现金类资产,企业的资产未能得到有效的运用,上市公司中该指标平均值一般为55%左右。

短期偿债能力流动比率、速动比率、现金比率关系图详见图12-7。

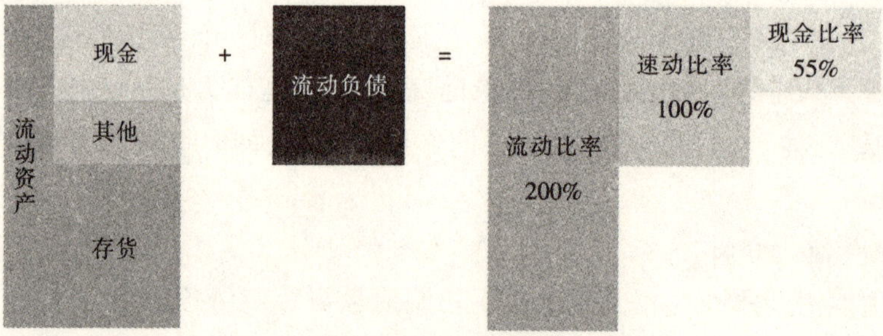

图12-7 短期偿债能力比率关系图

长期偿债能力是指企业对债务的承担能力和对偿还债务的保障能力,其强弱是反映企业财务安全和稳定程度的重要标志。分析长期偿债能力的主要财务比率包括:产权比率、资产负债率。

(1)产权比率=负债总额/所有者权益总额×100%

产权比率用来表明债权人提供的资金来源与由创业者提供的资金来源的相对关系,反映企业基本财务结构是否稳定。一般来说,所有者提供的资本大于借入资本为好。这一指标越低,表明企业的长期偿债能力越强,债权人权益的保障程度越高,承担的风险越小。该指标同时也表明债权人的资本受到所有者权益保障的程度,或者说是企业清算时对债权人利益的保障程度。

(2)资产负债率=负债总额/资产总额×100%

资产负债率用来衡量企业利用债权人提供资金进行经营活动的能力,反映债权人发放贷款的安全程度。一般来讲,企业的资产总额应大于负债总额,资产负债率应小于100%。如果企业的资产负债率较低(50%以下),说明企业有较好的偿债能力和负债经营能力。如果企业的资产负债率等于甚至大于100%,说明企业资不抵债，有破产风险。

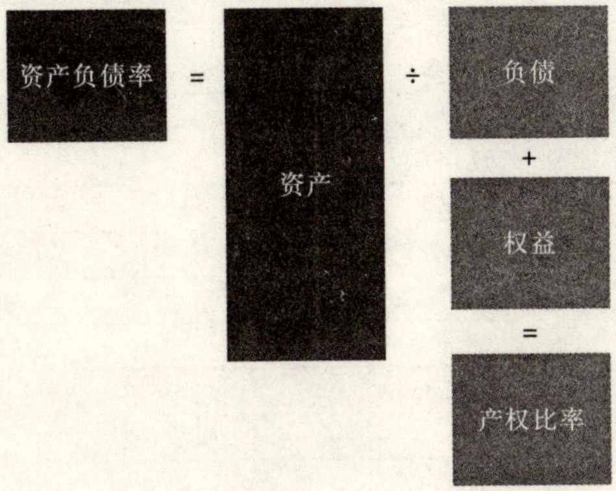

图 12-8 长期偿债能力比率关系图

根据B公司资产负债表、利润表、现金流量表，计算B公司偿债能力比率，如表12-4。结果表明，B公司2012年较2011年短期偿债能力提高，虽然流动比率仍低于标准指标200%，但速动比率超过100%，现金比率达到43.75%，该公司实际短期偿债能力较强，短期内发生财务危机可能性不大。

B公司大部分负债均为流动负债，非流动负债很少。因此，B公司产权比率、资产负债率很低，长期偿债能力很强。2012年较2011年，长期偿债能力有所提高。进一步分析2012年较2011年资产总额增加的幅度为13.27%，负债总额减少-1.39%，所有者权益总额增加14.71%，故此可知资产总额的增加是由于所有者权益增加形成的。这也是企业长期偿债能力提高的原因。

表 12-4 B酒店财务比率计算过程表

	2012年(1)	2011年(2)	变动比率[(1)-(2)]/(2)×100%
现金+交易性金融资产	7858	5214	50.71%
应收账款	9093	7915	14.88%
存货	7001	5843	19.82%
速动资产(流动资产-存货)	21 222	15 884	33.61%
流动资产	28 223	21 727	29.90%
资产合计	269 354	237 802	13.27%
流动负债	17 960	17 758	1.14%
负债合计	21 041	21 338	-1.39%
所有者权益合计	248 313	216 464	14.71%
营业收入	246 918	190 275	29.77%
营业成本	52 129	33 884	53.85%
营业利润	43 867	26 027	68.54%

续表

	2012年(1)	2011年(2)	变动比率[(1)-(2)]/(2)×100%
利润总额	44 098	26 121	68.82%
净利润	29 546	17 501	50.71%
流动比率	157.14%	122.35%	14.88%
速动比率	118.16%	89.45%	28.43%
现金比率	43.75%	29.36%	32.10%
产权比率	8.47%	9.86%	49.01%
资产负债率	7.81%	8.97%	-14.10%
存货周转次数(天数)	8.12(44.33)	–	–
应收账款周转次数(天数)	29.04(12.4)	–	–
流动资产周转次数(天数)	9.89(36.4)	–	–
总资产周转次数(天数)	0.97(371.1)	–	–
营业利润率	17.77%	13.68%	29.88%
销售净利率	11.97%	9.20%	30.09%
资产净利率	10.97%	7.36%	49.05%
权益净利率	11.90%	8.09%	47.17%

2.营运能力分析

营运能力是指企业的经营运行能力，即企业运用各项资产以赚取利润的能力。企业营运能力的财务分析比率有：存货周转率、应收账款周转率、流动资产周转率和总资产周转率等。营运能力比率因行业不同，标准值会有所差异企业分析时可参照各行业上市公司均值，资料可以从巨潮资讯网(www.cninfo.com.cn)获取。

(1)存货周转率

存货周转次数=营业成本/平均存货

存货周转天数=360/存货周转率

在一般情况下，存货周转率越高越好。在存货平均水平一定的条件下，存货周转率越高，表明企业的营业成本数额增多，产品销售的数量增长，企业的销售能力加强。反之，则销售能力不强。企业要扩大产品销售数量，增强销售能力，就必须在原材料购进，生产过程中的投入，产品的销售，现金的收回等方面做到协调和衔接。因此，存货周转率不仅可以反映企业的销售能力，而且能用以衡量企业生产经营中的各有关方面运用和管理存货的工作水平。

(2)应收账款周转率

应收账款周转次数=营业收入/平均应收账款

应收账款周转天数=360/应收账款周转率

在一定时期内应收账款周转率越高,表明应收账款回收速度越快,企业管理工作的效率越高。这不仅有利于企业及时收回贷款,减少或避免发生坏账损失的可能性而且有利于提高企业资产的流动性,提高企业短期债务的偿还能力。

(3)流动资产周转率

流动资产周转次数=营业收入/平均流动资产

流动资产周转天数=360/流动资产周转率

在一定时期内,流动资产周转率越高,表明以相同的流动资产完成的周转额越多,流动资产利用的效果越好。流动资产周转率用周转天数表示时,周转一次所需要的天数越少,表明流动资产在经历生产和销售各阶段时占用的时间越短,周转越快。生产经营任何一个环节上的工作得到改善,都会反映到周转天数的缩短上来。按天数表示的流动资产周转率能更直接地反映生产经营状况的改善。便于比较不同时期的流动资产周转率,应用较为普遍。

(4)总资产周转率

总资产周转次数=营业收入/平均资产总额×100%

总资产周转天数=360/总资产周转率

总资产周转率可用来分析企业全部资产的使用效率。如果比率较低,则说明企业利用全部资产进行经营的效率较差,最终会影响企业的获得能力。这样,企业就应该采取措施提高各项资产的利用程度从而提高销售收入或处理多余资产。

根据表5计算的B公司2012年营运能力比率:B公司存货周转次数8.12,应收账款周转次数为29.04,流动资产周转天数为36.4,总资产周转天数为371.1;B公司为一家酒店,酒店行业上市公司2012年存货周转次数平均值为10,应收账款周转次数为4,流动资产周转天数为750,总资产周转天数为2.5年,行业比较表明,B公司营运能力较强。

3.盈利能力分析

盈利能力是指企业在一定时期内赚取利润的能力,分析盈利能力常用的财务指标包括:营业利润率、销售净利率、资产净利率、权益净利率。盈利能力比率因行业不同,标准值会有所差异企业分析时可参照各行业上市公司均值,资料可以从巨潮资讯网(www.cninfo.com.cn)获取。

(1)营业利润率=营业利润/营业收入×100%

营业利润率越高，表明企业市场竞争力越强，发展潜力越大，盈利能力越强。

(2)销售净利率=(净利润/销售收入)×100%

该指标反映每1元销售收入带来的净利润的多少，表示销售收入的收益水平。它与净利润成正比关系，与销售收入成反比关系，企业在增加销售收入的同时，必须相应地获得更多的净利润，才能使销售净利率保持不变或有所提高。

经营常常出现企业在扩大销售的同时，由于销售费用、财务费用、管理费用的大幅增加，企业净利润并不一定会同比例增长，甚至出现负增长。盲目扩大生产和销售规模未必会为企业带来正的收益。因此，分析者应关注在企业每增加1元销售收入的同时，净利润的增减程度，由此来考察销售收入增长的效益。

(3)资产净利率(ROA)=净利润/平均资产总额×100%

该指标反映股东权益的收益水平，用以衡量公司运用自有资本的效率。指标值越高，说明投资带来的收益越高，是衡量盈利能力的常用指标。

(4)权益净利率(ROE)=净利润/平均所有者权益×100%

该指标衡量企业投资者回报的指标，用以评价企业盈利能力、资产管理及财务控制。

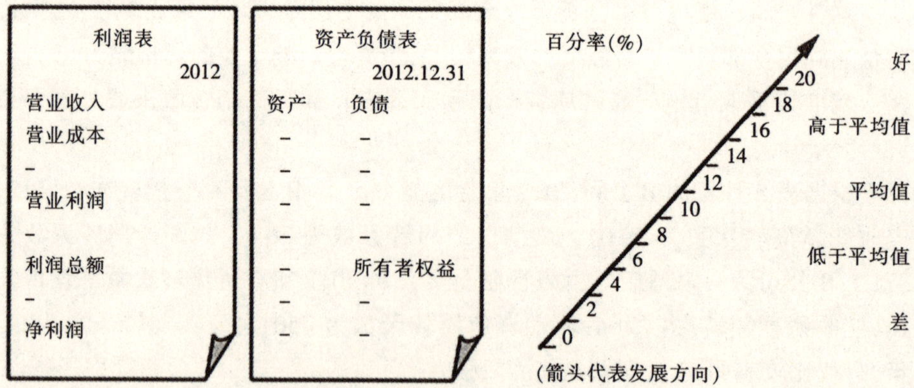

图 12-9 盈利能力比率图

资产净利率和权益净利率是将利润表与资产负债表分析联系起来，考察企业盈利状况。

根据表12-5计算的B公司盈利能力比率，B公司2012年较2011年，营业利润率、销售净利率、资产净利率、权益净利率均大幅度提高，而且均超过10%，这说明B公司有较好的盈利能力和发展潜力。

(四)应注意的几个问题

1.关注现金流

创业后往往要经过很长一段艰难的时期,没有充足的流动资金会导致创业失败。经营过程中也应关注现金流,注意库存与现金周转,降低流通时产生的不必要成本。

2.健全管理机制

创业组织要建立印章、现金、支票的管理的相互制约机制、完整记录账目。

在账务往来方面应注意:保持原始资料完整;与客户的账要搞清楚,特别是明细账,收款要及时,月底应该要对账;开发新客户要注意做信用评估;自己要核对银行对账单;股东一起编制各月预算。

3.规范资金运用

创业者经常犯的错误之一是低估了财务上的需要,财务预算有缺失,同时在营运时也没良好地运用资金。

4.重视财务管理

创业者一定要不怕面对财务数字,不怕进行财务分析,因为财务是企业最关键的事项,它能帮助创业者优化事务决策、分析经营状况。

案例1

酷兄靓弟牛仔服饰在沈城是一家集零售、批发于一体的牛仔服饰销售品牌中心,主要代理飚风族等十余个品牌,经销东北三省及内蒙古。

进行账务处理前:

库存数总是不准确,在无尽的大量盘点中浪费人力和时间,然而没过多久会再次发现库存出错,长期发生无故丢货的现象。

客户欠款用手工记账和查询,往来对账周期长,对账慢,而且错漏率极高。

商品销售情况不明朗,不知道哪个商品销得比较好;畅、滞销商品是一笔"糊涂账",销售利润更是一塌糊涂。

销售人员的销售业绩统计数据混乱,提成不准,影响员工情绪,工作热情不高。

销售与采购脱节,导致产品有时还有大量库存,而采购部门还在大批进货;库存积压较严重,占用资金多,导致资金流动缓慢;有的产品畅销却不能及时补货,影响销售业绩。

进行账务处理后:

规范了业务流程,严格按照进销存流程来处理业务,有效对库存进行管理,库存数量清晰,一目了然,再也不用浪费时间在盘点上了,有效提升了工作效率。

往来账再也不是一笔笔说不清道不明的“糊涂账”了,各种报表自动生成,想要查询的数据,马上就可以调出,快速准确。

库存准确,钱物明了,可以及时查询不同时间段的销售数据,不但可以更好地掌握商品的流向,也提高对市场需求的响应速度。

销售人员提成有据可依,销售热情随之高涨,业绩随之攀升。

及时了解公司的各部门运营情况,掌握公司各方面的业务情况,数据引导决策,做出相应的调整和应对。

案例 2

刘某夫妇下岗后在小区附近开了个小饭馆。小饭馆价格实惠、饭菜可口,生意兴隆。几个月后一算账,发现除去每月的门面租金、水电费、卫生费、采买费和员工工资,基本没有什么盈余。主要问题是没有财务管理。最简单的收入和支出项目都没有认真地记录,因此饭馆经营是一笔糊涂账;另外,计划外开销多。请人吃饭、熟客长期赊账让饭馆面临“赤字”。

案例 3

大学毕业生小于和两个同学开办了酒店。出现的主要问题:一是开办成本较高。小于他们盘下学校附近的一个酒店,添置了很多新设备。二是没有注意成本核算。酒店生意日渐红火,免费招待的客餐几乎天天都有。酒店每天的原料都由大厨按实际需求,就近到酒店旁的菜场购买,价格较高。厨房的配菜工是新手,浪费较大。一年后,周边出现了同质竞争者。生意渐差,三人开始相互抱怨,引起员工工作不认真。酒店关门,净赔 4 万元。

案例 4

陈某和几个朋友接手了一家白酒瓶盖厂家。到了经营淡季,企业处于半停产状态,他们与有些酒厂的结算方式为淡季 50%的回款。由于白酒行业竞争激烈,洗牌相当快,白酒企业的倒闭造成无法回款,企业因为足够的现金流维持正常生产而倒闭。

案例 5

王某在经营过程中一直与某客户做生意，该客户很守信用，每次货到后都会把货款打到王某账户上，慢慢地新客户也就变成了老客户。有时对方因资金周转不开，也会出现拖欠货款情况。一段时间后打算与对方结账时，联系不到该人。并且，因为不知道该客户的详细信息，无法通过法律程序追讨货款。

案例 6

李某经销服饰类的配件。客户经常向他抱怨资金周转困难，由于心肠软，加上把客户当朋友和希望留住客户，李某答应下来。本来应该付现金的客户开始拖延付款，企业开始出现资金紧张。李某上门催账，有的说李某不够朋友，有的说李某的货质量有问题要求退货，也有的企业倒闭了。随着资金链的断裂，李某的企业倒闭。

五、财务管理流程及制度

(一)财务管理流程

实际工作中，财务管理需要遵循一定的流程，企业所处行业不同，流程会有差异，图 12-10 为中小生产型企业财务管理的常用流程，可作为创业组织参考。

企业销售部门、采购部门、生产部门、人事部门、行政部门等日常业务形成一系列原始凭证，各部门职员每月将原始凭证整理后由管理部门负责人签字，提交财务部门进行审核。

审核不合格的原始凭证返回各部门查找问题，审核合格的原始凭证由会计人员填制记账凭证。记账凭证经财务主管审核合格后汇总形成明细分类账、总分类账、现金日记账、银行日记账等形式。

由于现金和银行存款管理在企业的日常管理中风险最大，为了保障企业资金安全，银行为企业提供每月的对账单，企业根据银行对账单与企业的银行存款日记账及银行实际款项余额核对，如果核对有误，查找原因，填制银行余额调节表。

月底，会计人员经过对账、结账，形成资产负债表、利润表和现金流量表。

财务部门将财务报表提交管理部门，管理部门经过财务分析，查找企业存在的问题，并将问题反馈给各部门，各部门通过反馈意见进行未来工作安排，提高企业价值。以某企业为例：财务管理流程，详见图 12-10。

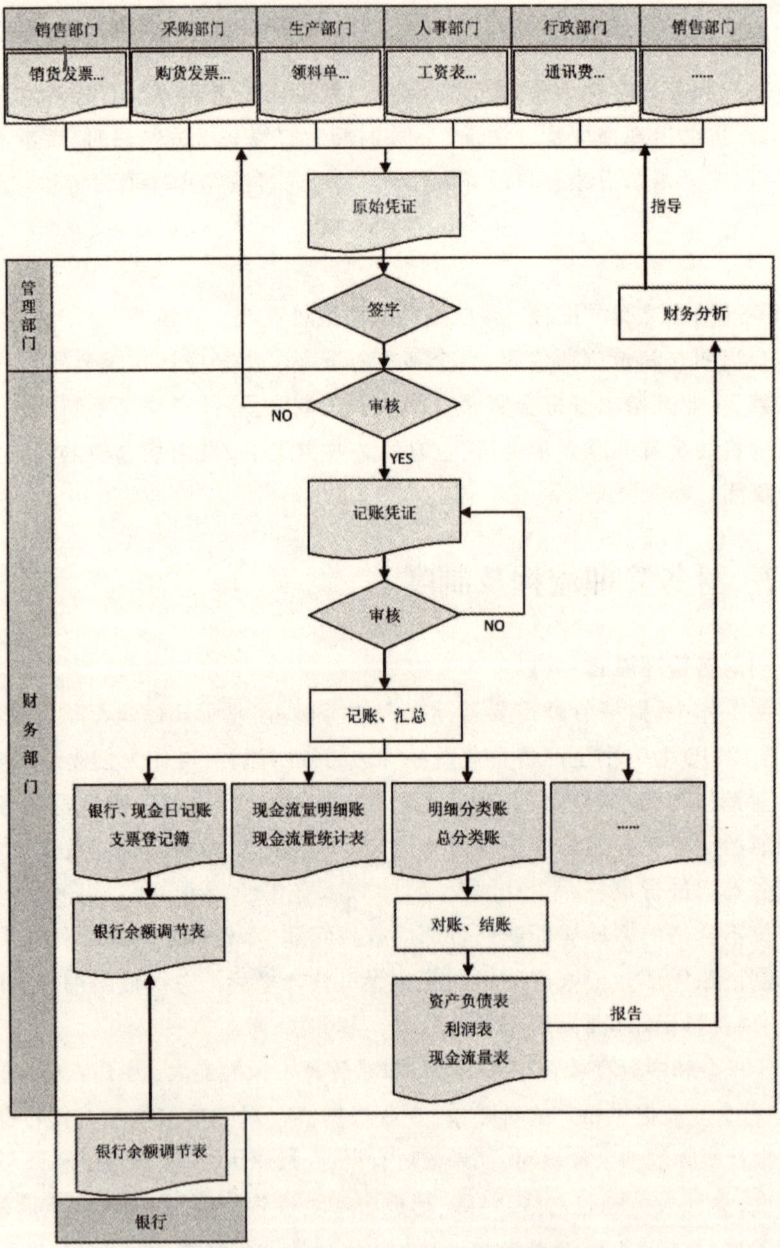

图 12-10 某企业财务管理流程图

(二)财务管理制度

企业在财务管理的每个具体工作中,会有详细的规章制度,例如企业销售未收到款项形成应收账款的管理制度,企业日常费用的报销制度,企业厂房、设备等固定资产的管理制度,企业贷款制度,企业投资制度等。创业组织成立之初,最常见的为日常费用报销制度。以下是一个例子:B酒店公司费用报销制度。

B酒店公司费用报销制度:

第一条 为了加强公司内部管理,规范公司财务报销行为,合理控制费用支出,特制定本制度。

第二条 费用报销分为物品采购费用、招待费,出租车费、差旅费、办公费、水电费、福利费、工资、税金等其他各项费用支出。

第三条 各项费用报销采取事先申报制度,申报流程为费用开支部门按费用开支项目填写费用申请单,由部门负责人签字确认,由董事长审批签字,申请部门根据董事长意见负责具办,由办公室负责监督记录各项申请的实施。

第四条 费用报销流程:根据费用申请单办理好相关事宜后,在申请范围的开支,由申请部门报销人填制费用报销单,报销人部门负责人确认签字,办公室负责人确认签字(监督记录),财务审核(单据合法性、数据等方面要求),公司董事长审批签字,出纳复核并履行付款;超过申请范围的开支,由具办部门写出原因说明,按照事前申请程序审批完毕后才能按照费用报销流程进行报销。上述流程为公司各项费用报销的既定程序,以后各项事务的报销均需要遵照上述流程操作,否则财务部出纳有权拒绝付款。

第五条 费用单据要求:公司费用报销必须真实合法,原则上公司一切事项报销的单据均必须取得合法的凭证,严禁使用白条或其他不合法的凭证。

第六条 单据整理要求:报销人在报销前必须事先整理好各类单据,首先对单据的类别、时间、批次、项目等进行分类,然后按照物品采购费用、招待费,出租车费、差旅费、办公费、水电费、福利费、工资、税金等项目的具体标准清晰准确地粘贴在报销单据的后面,并在附件中写明所附单据的张数。

第七条 预借款的操作要求:公司员工因工作需要事前预借款的,必须填写借款单,写清借款原因、预计的金额和还款日期,借款流程按照费用报销流程办理。

第八条 报销时间要求:财务人员根据财务做账的及时性配比性要求,掌握好各项报销的时间,原则上各项单据或费用必须在开支发生后3日内(节假日顺延)按照费用报销规定的流程进行报销。

附:借款申请单、费用报销单

借款申请单

B酒店公司

年　月　日

借款部门													
借款用途													
借款金额		万	仟	佰	拾	万	仟	佰	拾	元	角	分	
审批程序	申请人:					借款方式		现　金					
	负责人:							转账支票					
	董事长:							现金支票					

费用报销单

B酒店公司

年　月　日

部　门													
摘　要													
金　额		万	仟	佰	拾	万	仟	佰	拾	元	角	分	
审批程序	申请人:					支付方式		现　金					
	负责人:							转账支票					
	董事长:							现金支票					

小结

1.搞懂三张报表及其相互关系,必须要弄清楚资金运动、资产负债、现金流量、利润等基本概念,深入理解概念,可借助于导入案例。

2.进行账务处理可借助于财务软件,如管家婆等。

3.财务报表主要分析企业的偿债能力、资产的运营能力和盈利能力。

实　训

实训目的

1. 熟悉使用管家婆进行账务处理。

2. 熟悉三张财务报表的编制。

3. 学习进行财务分析。

实训一：编制三张财务报表

编制案例导入中，小王开设公司开设日的资产负债表及经营期末的资产负债表、利润表、现金流量表，并根据报表分析小王公司的偿债能力、营运能力及盈利能力。

实训二：编制三张财务报表

李明是一名大学生，在暑期通过自主创业，开办一家少儿暑期托管和培训为主营业务的服务公司。7 月 1 日，李明成立了睿智服务公司，利用自己的积蓄租了一套租赁期为两个月的房间，每月租金 500 元，先预付 800 元，同时，借来现金 3000 元。

该服务公司 7 月份发生以下业务：

(1)支付广告费 100 元。

(2)租用办公桌一张，月租金 50 元，预付 30 元，余额到 8 月 31 日租赁期满与 8 月份租金一并付清。

(3)现款购入各种少儿读物 1000 套，共计 500 元。

(4)现款购入数把儿童椅子，总成本 1300 元。

(5)李明外出联系业务时，请临时工帮忙，支付月薪 500 元。

(6)支付各种杂费 50 元。

(7)推销商品佣金收入 1800 元。

(8)入托少儿的托管费收入 1500 元。

(9)7 月份，李明个人支用服务公司现金 300 元。

8 月份该公司取得 3100 元的现金收入，其中托费收入 1700 元，其余均为佣金收入，费用开支保持不变，李明个人支用服务公司现金 300 元。8 月 31 日暑假结束，李明将少儿读物全部送给孩子，并将数把椅子出售得款 600 元。同时，归还借款。

试用管家婆软件记录睿智服务公司的全部经济业务，并利用数据编制两个月的资产负债表、利润表、现金流量表，分析李明的经营是否成功。

第十三章 互联网与创业

本章要点

1. 互联网的作用。
2. 淘宝开店。
3. 微信的使用。

一、互联网的作用

随着互联网技术的普及,网络与创业的关联度越来越高。对于创业者而言,互联网的作用主要体现在:

(一)获取信息

互联网有着海量的信息和服务资源,创业者几乎可以在互联网上获得创业所需的各种信息与帮助。获取信息可以有以下几种途径:

1.关键词检索

在百度上键入关键词,如创业中的法律问题、创业项目推荐、创业案例、创业政策、企业税收、创业组织管理等。

2.网络论坛

网络论坛供人们在该平台上讨论各种话题,例如:娱乐、新闻、创业等。有关创业的论坛,例如天涯论坛中的创业家园、阿里巴巴社区的创业论坛、36氪的北极社区等。创业者只需在论坛中注册一个账号,就可参与讨论、提出问题寻求答案。

在论坛中,很多用户以文字、图片与他人分享创业经验等;创业者可以通过论坛宣传自己的创业项目。

创业者可以通过 Discuz! 、PhpBB 等工具建立自己的论坛;也可在百度贴吧中申请自己的贴吧，或在 BBS 等里张贴自己对创业中各种问题的看法和见解，与大家分享。

3.专业创业网站

创业者还可以在各种服务创业的网站中寻求帮助。如全国大学生创业服务网、创业邦等，查看最新的创业动态、创业政策、创业课程等各种创业信息。

4.QQ 群

群主在创建 QQ 群以后，可以邀请对创业有共同兴趣爱好的人在一个群里聊天。也可以将群号码发布在网络上，供志同道合的人搜索群号码，申请进群。

除了聊天，腾讯 QQ 还提供群空间服务。在群空间中，用户可以使用群 BBS、相册、共享文件等多种方式进行交流。

5.微博

微博是一个基于用户关系信息分享、传播以及获取的平台，发布以 140 字为上限的文字信息或图片，并实现即时分享。

创业者可以建立自己的微博，在微博上发布自己的创业产品信息，引起他人关注。

6.门户网站

是指通向某类综合性互联网信息资源并提供有关信息服务的应用系统，提供新闻、搜索引擎、网络接入、BBS、免费邮箱、影音资讯等新闻、娱乐、专业信息等。例如腾讯网、搜狐、新浪、网易，门户网站是一种获得资讯的快捷有效的途径。

7.网络公开课

新浪、网易免费公开课包括世界名校、中国名校开设的很多课程，涉及多种学科与领域。创业者可以根据需要进行学习。

（二）作为通讯工具

如 email，skype、QQ、微信、易信等，无论是电脑还是智能手机，通过它们都可以实现文字、视频、音频等形式交流。

（三）提供服务

在网上可以实现网上订票、记录信息、导航功能、专业景点导游、网上购物、网上拍卖、网上办公、网上创业、网上营销、发布信息、进行医务/法律/财税等咨询、寻找餐厅、宾馆、店铺等。

例如：

51信用卡管家：管理信用卡，记录自己的信用卡账单；

挖财、随手记：让用户可以随时随地记账理财；

咕咚运动：记录你每天的运动轨迹、路程、时速等数据，还可以与朋友分享；

大律师：以“图文咨询+电话咨询”的形式提供法律咨询；

专业景点导游应用软件：可任意缩放景区地图，旅行线路规划，支持景区定位和指北针，专业的语音介绍；

[桌游助手]公共主页：使用者可以在主页内建立关于[杀人游戏]、[谁是卧底]等游戏房间，通过微信界面与朋友在线上一起玩游戏。

案例1

李某将所有客户的生日信息、其宝宝的详细信息等进行记录，在关键时间点通过微信等发出祝贺信息；他还将客户根据其爱好进行分类，及时推送相关趣闻、视频等。

案例2

某创业者经营一家餐馆，他通过以下方式进行网上营销：

1.将餐馆的位置发布在百度或谷歌地图上，任何地图的使用者只要搜索该位置周围，即可发现本餐馆。

2.将本餐馆的各种信息，如人均消费、精品菜式等发布大众点评网上，并通过打折、小礼品等形式鼓励来店用餐的消费者将好的评语发布在大众点评网上。

3. 在网络论坛、QQ群、微信群等网络媒体中发布餐馆信息。

二、淘宝开店

网上开店是一种常见的网上创业形式，经营者在互联网上注册一个虚拟网上商店并出售商品。相比传统的商业模式，网上开店投入小、经营方式灵活，越来越多的创业者选择这种方式经营。淘宝开店依托阿里巴巴，是现今中国最大的网上开店平台。在淘宝网上开店有阿里旺旺和支付宝等网商工具，为买卖双方提供安全的交易环境。

(一)网店经营模式

1.批发零售模式

这是最为常用的网店经营模式。经营者在厂家或批发市场以低价批发一定量的商品，通过淘宝店以零售的价格出售。采用这种模式一是需要仓库,二是需要占压资金。批发零售模式适合于生活在附近有大型批发市场的创业者。

阿里巴巴网上进货渠道的建立使得更多的人能够从网上批发产品到淘宝上零售,这种模式也是批发零售模式的一种延伸。

2.产地批发零售模式

这种模式在淘宝网上销售主要是当地土特产，能够吸引很多忠实的买家。这种模式需要稳定的货源、有竞争性的价格、一定的仓储能力和资金实力。

3.专业店

如果创业者具有某种特长,例如航模、摄影等,可开设专业淘宝店。既可以与有相同爱好的人交流,又可以顺便成就生意。

4.线上、线下相结合

如果已经有一家实体店,可以同时在淘宝网开一家网店。通过网络营销能够降低库存,拓宽区域市场。

(二)开设淘宝网店的流程

1.申请电子邮箱——申请淘宝账户——激活账户——完成注册。

2.开通网上银行。

3.拥有支付宝账户。

4.充值与查询支付宝。

5.安全设置支付宝账户与密码。

6.使用阿里旺旺。

7.店铺开业与装修。

8.网店推广。

(三)网店装修

网店装修直接关系到买家对店铺的第一印象。买家可以到淘宝论坛潜水或参与讨论,了解装修技巧;可以直接在网上搜索网店装修教程、网店装修模板等;也可以光顾经营类似商品的网店,获得灵感。

网店大体需要以下栏目:店铺招牌、公告栏、宝贝分类、宝贝描述、促销区/

秒杀区等。也可通过设计动态头像、论坛动态签名图等加强店铺宣传。网店的装修风格要与所经营的商品相协调。

1.店铺招牌:店标是体现店里宝贝的直接通道,应简洁、直观、大方。

2.公告栏:装修一定要简单,把最新的信息贴出来。

3.宝贝分类:要按照宝贝的价格、样式、类型等进行分类,尽量具体以方便顾客找到自己喜欢的宝贝。

4.宝贝描述:描述信息一定要和产品符合,不仅有文字、图片的展示,还涉及平面设计。照片拍摄要清晰、让顾客能看出材质特点,不仅有全图,还要有局部的细节图。

5.产品促销:在淘宝激烈的竞争中,搞活动是不得不做的。广告语要精悍、图片要注意醒目,视觉冲击力要强。

(四)网店宣传

1.QQ 空间推广

店主们利用自己 QQ 空间的人气,帮助店铺的宝贝传播。QQ 昵称可以改为网站网址。要坚持在空间更新宝贝,对宝贝进行图、文介绍。QQ 空间发布的信息可以同步更新到腾讯微博和微信朋友网,增加宝贝的曝光率。

可以用若干 QQ 号,每个 QQ 加入几十个群,每天发一遍网店信息。利用 QQ 群推广,应充分利用群公告、群相册、群共享、群聊天和群邮件。

2.博客推广

如新浪博客等对宝贝进行描述,购买按钮直接链向淘宝店;在博客中添加文本组件,给宝贝在边栏进行展示等。写文章或引用好文章,里面巧妙地加入自己的网址。

3.论坛推广

可在多个论坛注册,每个论坛均可注册多个账号,宣传自己的网店。论坛营销具有受众基数大、精准定位客户、互动性强、可带来大量的外部链接等特点。

(1)与其他店主合作:例如,无偿给其他网店做链接,既能丰富自己网店的信息,而且在网民搜索别的站的时候,又可能出现自己的网页结果。店主之间互相捧场,在宣传自己网店的时候,也宣传别人的网店。

(2)发布任务推广。

(3)在威客中国等发布任务,不仅能够吸引接受任务的人,而且能够吸引一大批旁观者，要充分利用这种一对多的传播优势。

(4)百科网店推广。

(5)在网上的百科全书添加内容。

(6)参加团购：选择人气较旺、论坛里有团购专区的论坛，发布团购帖子。只要商品足够好、价格合适，一般可以成团。

(7)视频宣传：可将各种视频短片放到互联网上，达到一定宣传目的。

案例3

2009年，义乌工商学院成立创业学院，下设10个创业班。对于能进创业班的“优秀学生”，学校最给力的支持是：上课时可以接单发单；允许逃课，只要期末成绩合格；淘宝等级可以抵学分，一颗钻(超过250个好评)抵两个学分；每班都配备上网室和仓库，老师负责教学生如何PS商品照片、跟客户谈生意、寻找合适货源等实用技能。

案例4

江苏徐州睢宁县沙集镇东风村在短短4年之间，由一个“破烂村”变成一个“淘宝村”。有网店1000多家，开网店的农户已超过400户，营业额超过3亿元，不少店主月收入超万元。2006年，村里的青年孙寒开了一家淘宝店，勉强维持生存，后来模仿宜家做廉价简易家具，并在网上销售。由于销售火爆，很快亲戚带亲戚、朋友带朋友，电子商务在全村迅速复制。

三、微信的使用(微信5.0环境下)

据中国互联网研究中心《第32次中国互联网络发展状况统计报告》显示，截至2013年6月，我国手机网民规模4.64亿，平均每周上网时长21.7小时，手机成为第一上网终端。手机上网或称移动互联网，几乎涵盖互联网的所有功能，更具便捷、成本低、方便、使用面广等特点。下面以微信的使用为例，说明手机上网对创业者的意义。

(一)个人账户的功能

个人账户的功能可以在手机上完成，也可以在电脑的微信网页版界面完成。

1.通讯功能

微信相对于电脑端的通讯软件来说，可长时间在线并且使用成本低。[①]采用微信进行沟通，可使原有的电话与短信需求转移至微信。用微信可以与家人、朋友、同事等通过语音、文字、图片、视频等多种方式联系，可以采用一种方式联系，也可以同时采用几种方式。通讯联系可以实时进行，若对方当时不在线，也可向对方发送语音、文字、图片、视频等，对方登录后即可接收、查阅。

(1)语音

• 主要功能

可以实时对讲，也可以语音留言。均可以一对一、一对多。

• 使用方法

语音留言："按住说话" 可实现语音留言。

点击图 1 中的 ，对话框中出现"按住说话"。按住"按住说话"按钮，可实现语音留言，对方在线与否都可以使用这项功能。

实时对讲："实时对讲机"可实现实时通话。该功能模仿现实生活中的对讲机，使用原理与使用对讲机相同。

点击实时对讲机后，按住其中间按钮，就可获得发言权。对着手机麦克风发言，如果是一对一通话，对方即可听到；如果是群聊，聊天群里所有正在使用[实时对讲机]的人均可听到。如有人正在发言，其他人则必须等待。该人发言结束后，其他人可以"抢麦"，按住右图中的中间按钮，即可获得发言权。

(2)文字

• 主要功能

通过发送文字，可以在线交流，也可以离线交流。

• 使用方法

可以发送文字信息，如果需要可以配表情。微信文字信息发送较为灵活，可以在一条信息内分段或键入空行，并且一条文字信息没有字数限制，可以任意

① 在 wifi 环境下免费，无 wifi 会产生少量流量费用。流量可采取流量包形式购买。例如 2013 年，移动 30 元/月获得 200 兆流量，联通 36 元/月获得 560 兆，基本可满足用户的正常使用。

编辑信息长短，可发送大段文章也可发送一个空格。除此之外，也可以根据心情配以表情，使得文字信息更加生动充满感情。

(3)图片

• 主要功能

可以使用微信发送图片，图片信息没有任何大小限制，可以直接拍照发送，也可以将原有手机内存储的照片发送出去，是快捷便利的图片分享方式。

• 使用方法

在聊天界面，点击“图片”按钮，在弹出菜单中选择“拍照”或“从相册中选择”，点击进入后即可拍照或选择照片，选好后点击“发送”按钮即可。

(4)视频

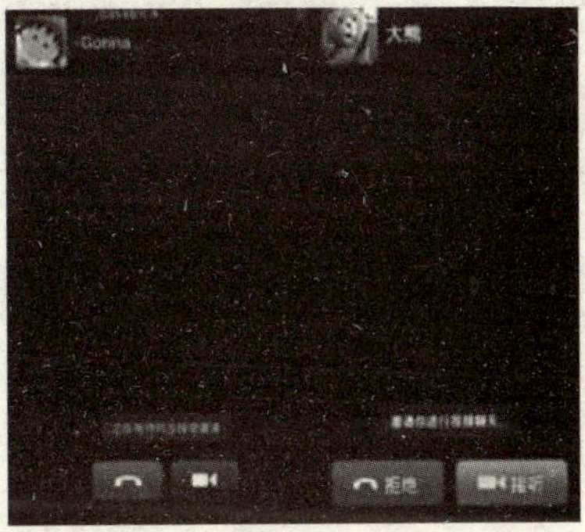

• 主要功能

发起视频聊天后，聊天双方进入聊天界面，不仅可以实现语音实时交流还可以看到对方的手机前置摄像头拍摄到的画面，使沟通更加生动。此功能仅支持一对一聊天，并不支持群聊。

• 使用方法

在聊天界面，点击“视频聊天”按钮，发出视频邀请，待对方接受后，即可进行视频聊天。

(5)其他

在与对方进行通讯联系时，还可以进行如下操作：

• 向对方发送自己所在的位置。①

• 自己所在位置附近的街景。

• 拍摄附近的照片发送给对方。

• 发送自己相册中的照片。

• 发送表情。

• 发送自己通讯录中联系人的名片给对方。

• 发送我的收藏中的有用信息给对方。

① 例如，“360 儿童卫士”具有以下功能：a.GPS 实时定位功能，可通过智能手机发送指令实时了解小孩所处的位置；b.GSM 的单向通话功能，家长可以随时拨通手环，收听小孩周围的声音，了解当前所处的环境。

2.移动办公

(1)主要功能

• 手机与电脑

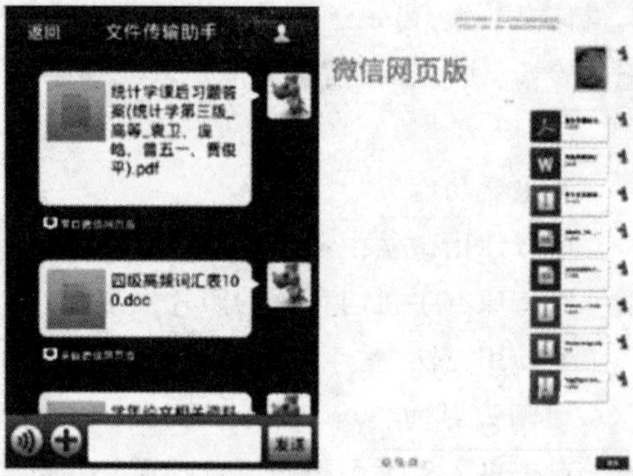

实现电脑与手机间的文件共享,改变了以往手机与电脑之间传输文件需要数据线,或者用 email 传输的方式;

只要手机中有 Office 等办公软件,在手机上就能通过微信更改文件,并传至电脑,从而实现移动办公。

• 手机与手机

在微信上建立工作聊天群,讨论工作问题、传输相关文件。

(2)使用方法

• 电脑登录 wx.qq.com,出现微信二维码,使用手机的“扫一扫”功能,扫描网页版微信出现的二维码,出现网页版微信界面,手机上也会在微信主界面上出现“文件传输助手”。

• 传输文件

从手机向电脑发送文件:

可将“文件传输助手”当成一个通讯录中的联系人,只要将有关文件、图片、链接等发送至“文件传输助手”,点击电脑上的网页版微信界面中的“传输文件”,即可在电脑上查看手机传过来的信息。

从手机向电脑发送文件:

登录网页版微信界面,点击“传输文件”后,出现两个小方框。点击这个图标,即可查找电脑中的文件。点击需发送的文件即可将该文件发送至手机。

3.从公共主页获得信息

(1)主要功能

公共主页上有各种分类信息,如法律类、创业信息、文艺、体育等。通过添加公共主页可以获得自己所需要的信息,并可与主页运行方进行沟通。

(2)使用方法

在通讯录界面点击右上角“添加”按钮,进入“添加朋友”、点击“查找公共号”,通过键入关键词搜索并添加相关的公共主页。

微信中有很多有价值的公共主页，例如“我的印象笔记”，可以将微信上的所有信息，如链接、文字、图片等发送给“我的印象笔记”公共主页，就可将其收藏，并且可以在电脑网页端查看。

“小 i 机器人”可以直接与主页互动，键入关键字即可查询天气、快递、机票、邮编等。省去搜索网页的繁琐。

4.朋友圈

(1)主要功能

• 朋友圈是个社交网络，可在朋友圈发布个人信息与朋友分享。

• 发布大家感兴趣、有价值的文字、图片、链接、语音、视频等。

• 寻求帮助。

• 对朋友发布的信息进行评价。

(2)使用方法

• 在微信主界面“发现”项中点击进入“朋友圈”，短按界面左边的  按钮可分享图片。

• 长按  按钮分享文字。

• 点击  按钮评论他人图片与文字状态。

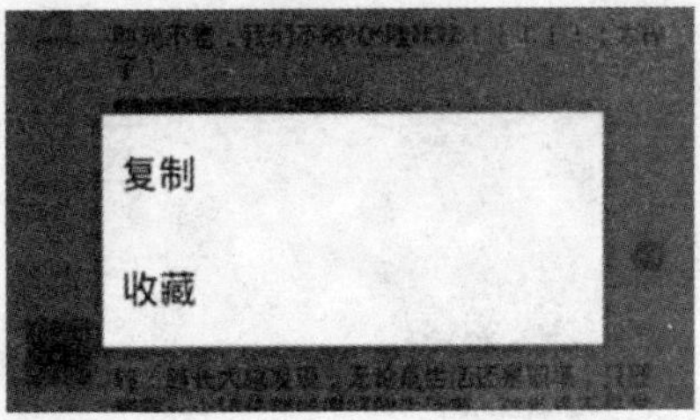

• 转发他人图片与文字如果是链接可直接转发，否则需先复制，然后发送。

5.扫一扫

用微信的“扫一扫”功能获取信息，利用手机摄像头扫描二维码、条码、街景、封面、翻译获得相关信息。

(1)二维码

二维码是在平面上分布的黑白相间的图形，可存储汉字、数字和图片等信息。微信给所有个人账户、公共微信号、聊天群自动生成二维码。

公共主页或聊天群组的二维码也可以印制在传单上、发布在网页上，实现公共主页与聊天群组的对外宣传。

(2)条码

条形码标示商品名称及相关信息，通过扫描条形码微信会对条码进行识别，获得相关产品在亚马逊、京东、当当网上的相关网页链接与比价，点击链接即可到其网站进行购买。

(3)街景

用微信的“扫一扫”扫描街景，即可获取所处位置信息，有的还可获得周边商铺等信息(soso 地图提供)。

(4)封面

扫面电影海报、CD、书籍等封面，获得电影影评评分，CD 与书的购买链接。

(5)翻译

将英文放置在“扫一扫”界面的文字扫描框中，即可获得其翻译。

(二)公共微信平台的功能

公共微信平台的功能是发送信息。每日只能群发一条信息，并进行效果分析。所有公共微信平台的操作均需在电脑上完成。

1.一般功能

(1)群发功能

和个人账户功能类似,公共微信平台可以群发文字、图片、音频、视频等;与个人账户不同的是,它可以自己编辑及发送图文消息,即同时有图片和文字的消息。

(2)分析功能

微信公共平台可以分析企业和用户(订阅人)的互动情况,具体包括:

- 用户的详细信息,如用户的增长情况和属性,包括性别构成等。
- 订阅人是否查看已接收的图文信息。
- 发送消息情况等。
- 将这些信息绘制成图,方便公共平台运行者分析宣传策略。

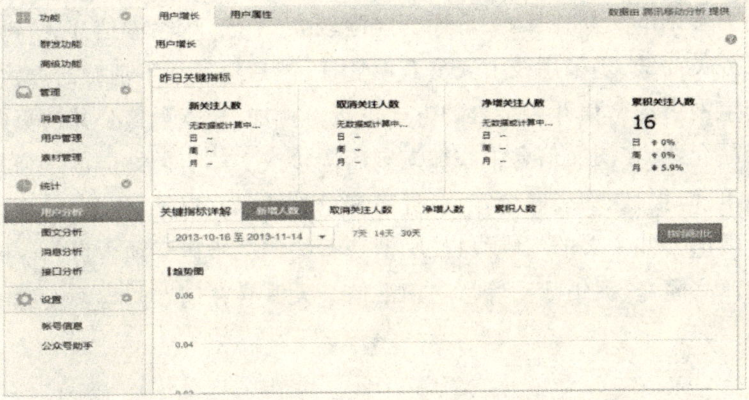

(3) 回复功能

人工回复订阅人信息,可以采用文字、表情等信息形式。

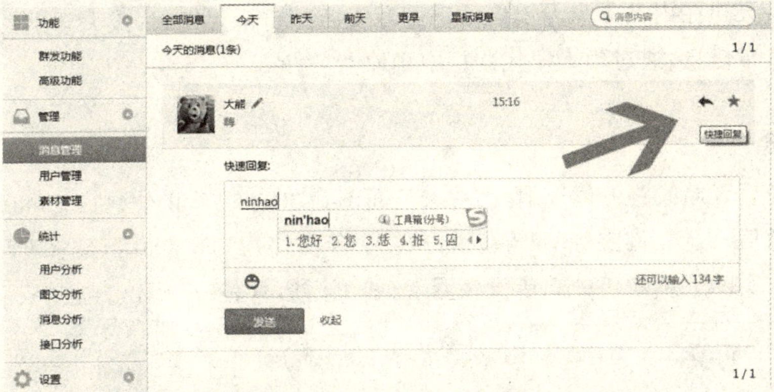

(三)微信开店

在微信上开店是在公共主页上开店,是创业者利用微信主页发布各种商品信息,在与公共主页的订阅人达成购买意向后,订阅人将货款通过支付宝支付给创业者个人,创业者将货品发给订阅人。

创业者可以在微信上完成开店、宣传、客服等商业活动。通过微信公共平台发送店铺位置、音频、视频、文字、图片等各种商品信息。也可借助公共平台的开放数据接口,满足客户的需求。

有的公共主页除了销售商品外,还组织拍卖。例如,将有限个数的精选商品以1元为底价,订阅人回复"姓名+出价+电话号码"出价,回复商品名称询问最高报价,拍得后电话联系付款。

微信上开店相对于淘宝而言,优势是微信沟通方便,缺点是微信上的交易是以信用为基础的交易,对购买者而言风险较大。[①]鉴于此,微信开店特别适合于社区服务类商铺,多采用线上交易获取凭证、然后进行线下消费的方式进行,或者是淘宝网店与微信开店结合的方式进行。例如,建立微信公共主页向订阅人发送产品介绍,在图文信息中添加淘宝店链接或实体店网站链接。公共主页与线下传单、海报、购物袋联合宣传,提高客户黏性。在海报、传单、购物袋等处印制自己微信公共主页的二维码,鼓励消费者扫描二维码添加主页。借助公共主页发送产品简介、促销活动等。利用微信个人账号在朋友圈与聊天群中发布产品消息。

案例5

天津的一位在校大学生加入了一个著名品牌的消费者微信群,这个品牌在全国包括天津在内共5家专卖店。每到专卖店打折销售期间,该大学生就在微信群里发布信息,通过为大家代购从中赚取劳务费。

案例6

在杨浦区翔殷路的偏远地段,一家门面不到20平方米的烧烤店里,80后李烨依靠微信、微博、淘宝等O2O营销方式,去年卖烧烤卖了280万元,赚了50%的毛利。实际上烧烤店的总店设在网上,线下门店只是一个O2O提货点,顶多

① 目前微信的第三方支付"财付通"尚不完备,淘宝开店仍然是网上开店的主要形式。在开淘宝店案例中出现。

为顾客提供一些试吃，一般不接待堂吃的。从海鲜、肉类、水产、蔬菜等百余个品种的半成品食材，到烤炉、烧烤叉、木炭、一次性餐具，甚至烧烤景点门票都能"拍"，为户外烧烤提供了一条龙服务。

小结

1. 淘宝开店，创业者除了给予消费者良好的售前与售后服务外，还要鼓励消费者在购买后留下好的评语，以带来更多人气。还要对给出差评的消费者予以补偿，以形成好的口碑。

2. 受众对广告的忍耐程度有限，加之微信屏蔽功能强大，所以在朋友圈中进行商品宣传时应注意方法。

3. 作为国务院的官方网站，"中国政府网" 开通官方微博和微信，以提高政府公信力和保障公众知情权、参与权、和监督权。创业者可随时关注"双微"信息，获取最新的政策信息。

实 训

实训目的

1.训练从网络上获得信息。

2.熟悉淘宝店的运营。

实训一：网店观察

登录与本团队创业项目类似的网站，讨论该网店的装修风格是否与商品所匹配？其网店营销应如何改进？

实训二：网络信息查询

针对本组的创业项目，讨论应该在互联网上获取哪类信息？如何获取？

实训三：网上营销

尝试对本团队的产品或服务在网进行宣传。

附件一：天津市人力社保局 市教委 市财政局关于进一步促进普通高等学校毕业生就创业工作的通知(津人社局发〔2014〕47号)中大学生创业支持政策节选

(一)放宽市场准入。对在校生自主创业的,2年内保留学籍。高校毕业生创办企业首次出资额允许为零。允许高校毕业生租用、使用高校范围内的相应场地作为经营场所进行注册登记,除法律、法规另有规定外,允许“一照多址”“一址多照”。

(二)完善金融扶持政策。对高校毕业生自主创业申请小额担保贷款,最高可给予30万元;对已经成功创业且带动就业5人以上、经营稳定的创业者可给予贷款再扶持,贷款总额度最高不超过50万元,贷款期限不超过2年。对其额度在国家规定贴息额度范围内的部分,由中央财政按照贴息利率予以贴息。对其额度在国家规定贴息最高额度以上且不高于20万元的部分，由市财政按照贴息利率的50%予以贴息。允许通过抵押、质押、联保、保证和信用贷款等多种方式,多途径为高校毕业生解决反担保。

(三)落实财税减免政策。对高校毕业生创办的小型微型企业,符合企业所得税法有关规定的,可以按规定享受相关税收优惠政策。月销售额不超过2万元的暂免征收增值税和营业税。对留学回国的高校毕业生自主创业,符合条件的,可享受现行高校毕业生创业扶持政策。对从事个体经营的高校毕业生和毕业年度内的高校毕业生,按规定享受相关税收优惠政策。

(四)鼓励支持网络创业。在电子商务网络平台开办“网店”的高校毕业生,可享受小额担保贷款和贴息等扶持政策。具体办法另行制定。

(五)加强创业教育培训。各高校要将创新创业教育列为必修课程,写进教学大纲,纳入学分管理。鼓励高校毕业生参加创业培训,毕业前3个学期的在校学生或高校毕业生参加创业培训，完成规定的培训内容并独立完成创业计划书,按照每人500元的标准给予培训费补贴。高校毕业生培训后半年内成功创业的,按照每人700元的标准再给予补贴。对有创业意愿和能力的毕业学年在校生和未就业的高校毕业生可到实训基地进行3~6个月的创业实训,参加创业实训的,按最低工资60%的标准给予实训补贴。

(六)加大创业孵化力度。支持利用现有资源建设大学生创业园、创业孵化基地和小企业创业基地，为高校毕业生提供创业经营场所支持。对吸纳企业多,带动就业明显的创业园区,由就业专项资金给予最多不超过100万元资金支持。

(七)给予房租补贴。在校和毕业2年以内的高校学生创业且租赁房屋的,给予房租补贴。补贴标准:按照每人10平方米计算,每平方米每天补贴1元,补贴2年(实际租用面积超过60平方米的,按照60平方米计算)。

(八)给予社保补贴。对毕业两年以内成功创业的高校毕业生及其所招用的高校毕业生,给予1年的岗位补贴和3年的社会保险补贴。岗位补贴标准为本市最低工资标准的30%,补贴期限为1年。社会保险补贴标准按照本市当年社会保险最低缴费基数和单位缴费费率确定,其中,养老保险费率20%、医疗保险费率7.3%(大病统筹)、失业保险费率2%、生育保险费率0.8%、工伤保险费率0.5%,补贴期限为3年。

附件二:商业/创业计划书样本

公司名称:______________________________

所属院校:______________________________

指导老师:______________________________

【主联系人】

【职　　务】

【电话号码】

【传真号码】

【电子邮件】

【地　　址】

【邮政编码】

日　期

1.0　执行摘要

1.1　公司概况

公司名称	______________________________模拟公司
公司类型	有限责任公司 □个体工商户 □个人独资企业 □合伙企业 其他________(打√选择)
注册地址	
主要经营范围	经营范围是指国家允许企业法人生产和经营的商品类别、品种及服务项目,反映企业法人业务活动的内容和生产经营方向,是企业法人业务活动范围的法律界限,体现企业法人民事权利能力和行为能力的核心内容。需核实经营项目符合工商部门规范。(与营业执照一致)
产品/服务概况	一段概述的文字描述经营项目的创意来源与可行性,突出产品与服务的新颖性、独特性和可行性
市场机会	指已经出现或即将出现在市场上,但未得到实现或完全实现的市场需求

1.2　注册资金

(与营业执照一致)

1.3 商业模式(赢利模式)即盈利的模式,企业从哪里获得收入,获得收入的形式有哪几种。

1.4 投资收益评价

<table>
<tr><td>总投资额(元)</td><td></td><td colspan="3">投资收益率(第一年)</td><td>%</td></tr>
<tr><td rowspan="3">预期净利润(税后利润)</td><td rowspan="2">第一年</td><td colspan="2">第二年</td><td colspan="2">第三年</td></tr>
<tr><td>年增长率</td><td>%</td><td>年增长率</td><td>%</td></tr>
<tr><td></td><td colspan="2"></td><td colspan="2"></td></tr>
<tr><td rowspan="3">备注</td><td colspan="5">投资收益率=净利润÷总投资额×100%</td></tr>
<tr><td colspan="5">预期净利润–第一年:见经营第一年利润表</td></tr>
<tr><td colspan="5">此表中“总投资额”项的金额等于资金需求合计</td></tr>
</table>

2.0 市场分析

2.1 市场定位与目标客户

市场定位	1.产品定位:侧重于产品实体定位质量/成本/特征/性能/可靠性/用性/款式 2.竞争定位:确定企业相对与竞争者的市场位置 3.消费者定位:确定企业的目标顾客群,指“你究竟想要把产品卖给谁?”
目标客户	可以按照客户年龄、地域、收入、偏好、消费习惯等

2.2 市场预测(市场占有率)

在已简述“市场机会”的基础上,着重分析:市场容量等市场需求情况及其变化趋势

2.3 竞争分析

列出在本公司目标市场当中的1~3个主要竞争者;分析竞争者的优势和劣势

2.4 项目SWOT分析

优 势 (Strengths)	针对本公司创业项目,从产品/服务特色、技术、价格、销售渠道、营销手段、资金、团队、无形资产等方面阐述
劣 势 (Weaknesses)	针对本公司创业项目,从产品/服务特色、技术、价格、销售渠道、营销手段、资金、团队、无形资产等方面阐述
机 遇 (Opportunities)	针对本公司创业项目,从政策、市场竞争、行业、潜在竞争、经济环境5个方面阐述
威 胁 (Threats)	针对本公司创业项目,从政策、市场竞争、行业、潜在竞争、经济环境5个方面阐述

3.0 营销策略

3.1 产品特征

产品或服务种类	功能	特色
例如:管家婆软件	进货管理 销售管理 存货管理 商品 资金账 往来账 收入账 查询与分析等功能	实用——将钱流账与物流账结合在一起,即时反映企业的财务状况和进销存状况 易用——傻瓜化操作更符合企业日常业务处理习惯,实现全面查询和分析库存、资金、往来、费用、收入、成本等。每笔业务后,都能够自动生成当前的盈亏表、资产负债表,清晰明了
产品一		
产品二		
产品三		
产品四		

3.2 产品定价

产品或服务	单位	单位成本	同类产品市场零售单价	产品单价 *
产品一				
产品二				
产品三				
产品四				

注:产品单价一栏,如果一年当中产品售价有变化或者多种产品属于同类产品,可按照产品均价计算。

3.3 销售渠道

单位:元

1.经营地址	面积	费用或成本(元/月)	选择该地址的主要原因
2.销售渠道	□面向最终消费者 □通过零售商 □通过批发商 (打√选择)		
选择			
该销售方式的			
原因			
与主要批发/零售商合作方式			

3.4 宣传推广

推广方式	主要内容	推广费用
广告媒体	选择媒体:报纸、杂志、电台、电视、直邮、网络等	
会展推广	选择适合推广产品服务的会议和展览会	
公关活动	引起客户注意的文章、被电台电视台采访的机会、研讨会、媒体新闻稿	
网络推广	指网站推广、网络品牌、信息发布、在线调研、顾客关系、顾客服务、销售渠道、销售促进	
促销活动	指降价、打折、试用、赠送、展销等活动方式	
数据库营销	企业通过收集和积累会员(用户或消费者)信息,经过分析筛选后针对性的使用电子邮件、短信、电话、信件等方式进行客户深度挖掘与关系维护	
共 计		

4.0 人员与组织结构

4.1 组织结构

人员与组织架构图

4.2 团队成员

姓名	年龄	职务	最高学历及专业	主要工作经历	优势专长 请说明与经营项目相关的经验与专长

4.3 部门/岗位职责

部门/岗位	负责人	职责
总经理		
总经理助理		
________部		
________部		
________部		
________部		

5.0 财务分析报告

5.1 固定资产:生产经营所需设备、工具和办公家具

单位:元

项 目	原值	月折旧率(%)	月折旧金额	备 注
生产工具和设备				
办公家具				
电子设备				电脑、打印机、复印机、传真机、电话机等
交通工具				汽车
店铺/厂房				租房,此项空白
合 计	——	——		
备注	折旧率标准参看根据 2009-06-23 颁布的《企业所得税法实施条例》;月折旧率=1/折旧年数/12			

5.2 月原材料/商品采购成本

单位:元

名称	数量	单价	金额
一			
二			
三			
四			
合计			

5.3 月销售与管理费用预测

类别	科目	金额
销售费用	宣传推广费用	
管理费用	场地租金	
	员工薪酬	
	办公用品及耗材	
	水、电、交通差旅费	
	其他	财务费用
利息		

5.4 启动资金需求

类别/项目		金额(元)	备注(对主要费用及其他重要事项说明)
固定资产购置合计			
开办费	工商注册、税务登记费		
	市场调查费、差旅费、咨询费		
	各种许可证审批费用		
	支付连锁加盟费用		
	其他费用		例如:培训费、资料费、买无形资产费用
	合计		
流动资金	原材料/商品采购		
	场地租金		
	员工薪酬		
	办公用品及耗材		
	水、电、交通差旅费		
	其他费用		
	合计		
启动资金总计			

5.5 启动资金来源

单位:元

筹资渠道	资金提供方	金额	占投资总额比例
自有资金	股东		%
私人拆借	亲属、朋友		%
银行贷款	银行		%
政府小额贷款	政府相关部门		%
总计	——		%

6.0 月利润预测

单位:元

项目		本期金额
一、主营业务收入		
加:其他收入		
减:主营业务成本	生产/采购成本	
营业税金及附加(按5.5%计算)		

续表

项目		本期金额
变动销售费用	销售提成	
边际贡献率(%)=(主营业务收入-主营业务成本-营业税金-销售提成)/主营业务收入		
固定销售费用	宣传推广费	
管理费用	场地租金	
	员工薪酬	
	办公用品及耗材	
	水、电、交通差旅费	
	固定资产折旧	
	其他管理费用	
财务费用	利息支出	
二、利润总额		
减:所得税费用(按25%计算)		
三、净利润		
备注:员工薪酬包括企业主薪酬和职工薪酬,本计划书所提到的员工薪酬都符合该条件		

7.0 风险分析与对策

创业风险	分析	对策
行业风险	指行业的生命周期、行业的波动性、行业的集中程度	
政策风险	指因国家宏观政策(如货币政策、财政政策、行业政策、地区发展政策等)发生变化,导致市场价格波动而产生风险	
市场风险	市场风险涉及的因素有:市场需求量、市场接受时间、市场价格、市场战略等	
技术风险	指企业产品创新过程中,技术成功的不确定性、技术前景的不确定性、技术效果的不确定性、技术寿命的不确定性	
资金风险	资金风险主要有两类,一是缺少创业资金风险,二是融资成本风险	
管理风险	企业经营过程中的风险,如管理者素质风险、决策风险、组织风险、人才风险等	
环境风险	指社会、政治、政策、法律环境变化或由于意外灾害发生而造成失败的可能性	
其他风险		

注:只需要填写本企业涉及的风险。

8.0 企业的愿景

企业及其内部全体员工共同追求的企业发展愿望和长远目标的情景式描述,对企业发展具有导向功能,对员工具有激励与凝聚作用。

9.0 附录

9.1 附表 1:经营第一年利润表

单位:元

项目		1月	2月	3月	4月	5月	6月	7月	8月	9月	10月	11月	12月	合计
产品一	平均售价													
	销售数量													
	月销售额													
产品二	平均售价													
	销售数量													
	月销售额													
产品三	平均售价													
	销售数量													
	月销售额													
产品四	平均售价													
	销售数量													
	月销售额													
一、主营业务收入														
加:其他收入														
减:主营业务成本	生产/采购成本													
营业税金及附加(按 5.5%计算)														
变动销售费用	销售提成													
固定销售费用	宣传推广费													
管理费用	场地租金													
	员工薪酬													
	办公用品及耗材													
	水、电、交通差旅费													
	固定资产折旧													
	其他费用													
财务费用	利息支出													
二、利润总额														
减:所得税费用(按 25%计算)														
三、净利润														

9.2　附表2:第一年度的现金流量表

单位:元

		1月	2月	3月	4月	5月	6月	7月	8月	9月	10月	11月	12月	总计
月初现金														——
现金流入	现金销售收入													
	应收款收入													
	股东投入现金													
	借贷收入													
	其他现金收入													
现金流入小计														
现金流出	生产/采购													
	销售提成													
	销售推广													
	税金													
	场地租金													
	员工薪酬													
	办公用品及耗材													
	水、电、交通差旅费													
	固定资产													
	借贷还款支出													
	其他支出													
现金流出小计														
净现金流量														——
月底现金余额														——
备注		净现金流量是指一定时期内,现金及现金等价物的流入(收入)减去流出(支出)的余额(净收入或净支出),反映了企业本期内净增加或净减少的现金。												

附件三：值得观看的几部商业电影

1.《中国合伙人》(2013)

把握时代脉搏，看准历史机遇，是创业成功最关键的要素。从创业角度看，本片给出了不少值得借鉴的经验和教训。包括创业者必须具备敏锐的市场洞察力，在各方面条件都还欠缺的艰难环境下，灵活机动，想方设法为达成创业目标前行。当然，本片也给创业者提出警告：千万别和最好的朋友合伙创业。假如创业失败，这段经历将加固你们的友谊；假如创业成功，企业做大，各种观念分歧和利益冲突就会随之到来，分钱散伙，友情难续可能是最无奈的结果。

2.《大腕》(2001)

一个大腕的喜剧葬礼和一群精神病人高谈阔论的宏大商业投资计划，全片从写实开始，一步步滑入黑色喜剧乃至荒谬的深渊。表面上看那些精神病人的言论荒诞无稽，实际上却句句都是充满预言色彩的投资名言。事实上，在中国走向改革开放的道路上，每一个特定历史时期都出现过一些特定的投资理财机会。有些人成功抓住了其中的一次或N次，从而成就了今天财务自由的幸福生活，更多的人却总是一次次让机会从眼皮底下溜走。

3.《Glengarry Glenn Ross(拜金一族)》(1992)

当房地产进入萧条的时候，美国的房屋中介的销售顾问都在忙什么？他们如何利用数据库，如何门到门地将房地产销售出去？如何在萧条期包装房地产，如何瞄准新婚家庭的住房需求，如何对准投资需求？看了才知道，如今的美国房地产萧条肯定不会是问题。

4.《The Coca-Cola Kid(可口可乐小子)》(1985)

作为一个碳酸饮料的营销从业员，他不得不回答一个问题，在边远的澳大利亚小镇，为什么没有一瓶可口可乐？营销是生意不可缺的部分，尤其是创业中不可缺少。这部电影讲述了一个男孩用可乐创造一个事业的故事。

5.《Barcelona(巴塞罗那)》(1994)

美国人的销售方式，销售方法真的可以同行全球吗？一个美国销售在西班牙的销售经历让我们学到销售的价值观，销售对客户文化的处理方式，销售对客户关系的把握。

6.《Jerry Maguire(甜心先生)》(1996)

做生意要拿出诚意来。这个影片为美国文化提供了两条经典的短语，风行美国经久不衰。“show me the money”让我看到钱才是真的。任何生意都如此。怎么才能看到钱,什么情况下,你会忘记这一点,而且通常是客户劝你忘记这一点。生意中没有牢靠的友谊,这是你在创业前必须要牢记的教训。做销售,建立大客户关系不容易。

7.《What women want(男人百分百)》(2000)

用最巧妙的方式揭示女性所思所想的影片。一个意外,一个小小的车祸,让他具备了能够阅读女性头脑的能力,他居然真的发现了女性竟然是这么想的。商业心理学、女性行为学、广告学等都是这个影片中最需要学习的亮点。

8.《Barbarians at the gate(门口的野蛮人)》(1993)

影片讲述的是一个大师级销售高手销售产品的故事,这个产品是他的公司。现代公司政治、公司价值、投资机会、销售技巧等贯穿于影片。

9.《Trading Places(颠倒乾坤)》(1983)

经济是交易行为的代名词。只要有交易,就需要学会评估交易是否合算,就需要透视交易对方内心的秘密。交易中学到3个核心法则,在世界上任何国家,如何地方只要有交易的地方都适用的本质法则。

10.《Pirates of Silicon Valley(硅谷传奇)》(1999)

硅谷的高科技公司是如何孵化的,是怎么演变成今天这个样子的,不到25岁的年轻人利用了什么样的市场规则,又是如何让市场规则,让客户、让竞争对手形成一个共同体的。阴谋一个接一个,层出不穷的点子笼罩在硅谷的上空。

11.《The corporation(解构企业)》(2003)

18世纪美国法律正式通过了一个企业可以是一个个人的组织行为后,到21世纪,仅仅两个多世纪,美国的这个公司法居然影响了全球,这在中国的公司法中也看到类似的描述。恰好是这样的法律文本影响了人类社会的组织形态,这个冠之以法人的称号横行全球,世界每一个角度都受到影响。个人的贪婪,个人的无度,个人的欲望没有止境地扩张、膨胀。从最深刻的本质揭示了资本主义商业规则,并无情地揭示了其存在的弊病以及可以将其打败的机会。

12.《The insider(惊爆内幕)》(1999)

商业社会的本质是货币自由交换,只要你情我愿,交换什么都可以,哪怕是交换对公众危害严重的吸烟的秘密。科学家的良知能否用钱收购,交易中的商业价值,交易中的定价原理,商业信誉在交易中的作用都是这个影片中展示出来。

13.《The hudsucker proxy(影子大亨)》(1994)

一个公司的老板自杀了,似乎特别符合现在的萧条期的潮流。然而,老板自杀了,其公司还蒸蒸日上呢,董事会的实权人物开始行动,行动的目的当然是私欲横流。监管呢?正直呢?公司治理,企业董事会操作实战等都是这个影片不可多得的实战教案。

14.《Rogue trader(魔鬼营业员)》(1998)

一个能够将百年老字号银行一夜之间弄垮的业务模式到底是什么?其中伴随着一个职员怎样的人生辉煌?如何巧妙地利用廉价的不懂业务的员工?如何利用大银行罕见的机会?这部影片可以告诉我们。

15.《Other peoples's money(抢钱世界)》(1991)

这是一个基于美国真实故事改编的影片。美国商业自由市场中到处充满了利己行为与利他行为的冲突、矛盾。也恰好是这些冲突和矛盾中可以学到不同的人的心思,不同的人的动机,以及各种让人眼花缭乱的手段。影片涉及的商业知识包括商业诉讼规范、商业流程、兼并重组流程等。